SAM KEEN

KÖNIGREICHE DER LIEBE

SAM KEEN

KÖNIGREICHE DER LIEBE

DIE SIEBEN STUFEN DER EKSTASE

SPHINX

Aus dem Amerikanischen
von Clivia und René Taschner

CIP-Kurztitelaufnahme der Deutschen Bibliothek

Keen, Sam:
Königreiche der Liebe: Die sieben Stufen
der Ekstase / Sam Keen.
[Aus d. Amerik. von Clivia und René Taschner]. –
Basel: Sphinx-Verlag, 1986.
Einheitssacht.: The Seven Kingdoms of Love ‹dt.›
ISBN 3-85914-178-3
NE: GT

1986

Originaltitel: The Seven Kingdoms of Love

Umschlagbild: Suzanne Senn
Umschlaggestaltung: Charles Huguenin
Satz: Reinhard Amann, Leutkirch
Herstellung: Spiegel Buch GmbH, Ulm
Printed in Germany
ISBN 3-85914-178-3

Inhalt

Vorspiel

Die mannigfaltigen Welten der Liebe

Nachdem ich mich jahrelang mit der Frage «Wie wird man ein echter Liebhaber?» auseinandergesetzt hatte, kam mir eines Tages der Gedanke, daß sich in den zahlreichen, heute überall erhältlichen Fachbüchern über Liebe und Sexualität entsprechende Hinweise finden könnten. Gedacht, getan – ich suchte ein Buchantiquariat auf und erstand mehr als dreißig gebrauchte, mit Eselsohren versehene «Gebrauchsanweisungen». Meine stattliche Sammlung reichte vom klassischen *Kama Sutra* über *Die vollkommene Ehe* bis hin zu unkonventionellen Werken wie *Sex und das ledige Mädchen* und *Freude am Sex*. Während ich mich durch die verschiedenen Heilslehren in Sachen Erotik hindurchlas, bemerkte ich etwas Seltsames. Die eine Kategorie derartiger Fachbücher reduzierte die Sexualität auf eine Folge von technischen Problemlösungen im Genitalbereich. Eine weitere Art von Ratgebern befaßte sich weitschweifig mit der Kunst des Verführens und Eroberungsstrategien im «Kampf zwischen den Geschlechtern». Schließlich seien noch jene Schriften erwähnt, die Sex zur Sicherung und Festigung der Familienbande empfahlen.

Da ich eine kurze Einleitung zum vorliegenden Buch schreiben wollte, begann ich nach einem Schema zu suchen, das die verschiedenen Betrachtungsweisen von Liebe und Sexualität aufzeigen sollte. In diesem Sinne teilte ich die unzähligen Fachschriften in sieben Stapel auf, die nach bestimmten Autorentypen geordnet waren. Aber warum unterschieden sich die Ratschläge Erich Fromms in *Die Kunst des Liebens* so sehr von jenen in den trivialen Sex-Handbüchern?

Nach einiger Frustration begann ich zu begreifen: Wir alle leben mit der Erde gleichsam Bauch an Bauch in einem engen Liebesverhältnis – und unsere Sicht dieses intimen Verhältnisses zur Welt widerspiegelt sich in der Bedeutung, die wir dem Geschlechtsverkehr zuschreiben. Sex ist wie ein Rorschach-Test. Der Grund, daß ich die verschiedenen Auffassungen von Sexualität nicht ohne weiteres in Kategorien einzuteilen vermochte, lag darin, daß jedes dieser Bücher offensichtlich von Liebe und Sex handelte, insgeheim jedoch – gleichsam zwischen den Zeilen – eine ganze Lebensphilosophie und eine Menge Wertungen verkaufte. Alle tun «es» – aber stets auf unterschiedliche Art und Weise. Die Techniker konzentrieren sich auf die Anzahl, Prostituierte auf den Gewinn. Krieger gehen aggressiv vor, Romantiker tun's mit Herz. Playboys und -girls zeigen sich dabei sportlich, Professoren als emsig und Prediger als redlich. Für einige ist es eine Pflicht, für andere ein Spiel. Des einen Sünde ist des anderen Tugend.

Mit dieser Erkenntnis betrachtete ich erneut meine sieben Stapel Bücher. Heureka! Blitzartig erkannte ich, daß die verschiedenen Philosophen im Hinblick auf Leben und Sexualität annähernd mit jenen Bewußtseinsstufen übereinstimmte, die im alten

System des Tantra als «Chakras» oder Zentren im menschlichen Körper bezeichnet wurden. Ich holte sofort Lama Govindas *Grundlagen tibetischer Mystik* sowie Eliades *Yoga, Unsterblichkeit und Freiheit* und andere klassische Studien über Kundalini-Yoga hervor und las mit erneutem Interesse. Es war, als hätte ich plötzlich ein altes Schaubild entdeckt, das die sexuelle Verwirrung unserer Zeit mittels einer klaren Darstellung der Liebeshierarchien erklärte. Ich war auf eine Landkarte der Liebe gestoßen.

Tantra: Eine Definition

Ehe wir weiterfahren, scheint ein kleiner geschichtlicher Rückblick angebracht. Unter Tantra, tantrischem Yoga oder Kundalini-Yoga ist eine Sexualität und Bewußtsein verbindende Philosophie und deren Übungswege (Praktiken) zu verstehen, die zu weit auseinanderliegenden Zeiten und an den unterschiedlichsten Orten in Erscheinung getreten ist. Tantra tauchte in verschiedenen Formen sowohl in Indien, Tibet und Mexiko als auch in den Schriften der Alchemisten, christlichen Mystiker und Theosophen auf. Sein zentraler Gedanke, der unabhängig bei zahlreichen Denkern und spirituellen Abenteurern des Altertums Eingang gefunden hat, beruht auf der Annahme, daß der menschliche Körper eine Anzahl (zwischen fünf und zwölf) Nervengeflechte oder physisch-psychische

Zentren aufweist, die fließende «sexuelle» Energie oder «Erleuchtung» führen können. Obwohl die verschiedenen Traditionen eine äußerst vielfältige Symbolik enthalten, sind dennoch gemeinsame Kernpunkte auszumachen. Diese Übereinstimmung beruht auf dem Gedanken, daß der gesamte Kosmos von einem einzigen, ursprünglichen Energie-Geist-Bewußtsein durchströmt wird, das jeden einzelnen Menschen miteinbezieht. Wir alle sind Mikrokosmen des Makrokosmos. Der Weg zur Reife, Erleuchtung oder Transformation besteht u.a. darin, daß man dieser Kraft (die im Osten als Kundalini oder Schlangenkraft bezeichnet wird), das Durchströmen des Rückgrats – von unten nach oben – und das Erfüllen (Durchdringen) jedes einzelnen Chakras ermöglicht.

Die tantrische Bildersprache versteht die männlichen und die weiblichen Geschlechtssekrete als jene Nahrung, die bei der Erhöhung des Bewußtseins dem Nervensystem zugeführt wird. Dieser Fluß sexueller Kräfte steigt in einem als Susuma bezeichneten Hohlraum im Innern der Wirbelsäule hoch, durchströmt jedes psycho-physische Zentrum und erreicht schließlich das Gehirn, wo von Ekstase begleitete Erleuchtung stattfindet. Indem die konzentrierte Energie (Prana, Chi, Hagion pneuma, Libido oder Orgon) die Chakras durchfließt, reinigt sie Körper und Geist und bewirkt damit eine Wiedervereinigung von Sexualität und Spiritualität.

Einige Tantra-Jünger und nach Esoterik Strebende neigen dazu, diese Symbolik so wörtlich auszulegen, daß Tantra zum Unsinn wird. Große Teile der Sekundärliteratur befassen sich ernsthaft mit der Frage, ob die Wirbelsäule tatsächlich einen kanalförmigen Hohlraum aufweist, wo der Strom sexueller Kräfte hindurchfließen könnte. Wörtliche Auslegungen dieser Art treffen nicht den Kern der Sache. Das Wertvollste, was wir von der tantrischen Symbolik lernen können, ist das Vorstellungsvermögen einer Transformation des Eros; zu erkennen, wie sich die Sexualität zur Vollendung entwickelt, wie sich Begehren und Lust entfalten und wie sich unsere Motivation im Laufe eines echt gelebten Lebens wandelt.

Vereinfachtes Schaubild der im traditionellen Kundalini-Yoga aktivierten psychischen Kraftzentren (Chakras).

Man überlege sich einmal die symbolische Bedeutung, die sich hinter dem Bild der Geschlechtssekrete als Antriebskraft des Bewußtseins verbirgt. Es ist in der Tat sowohl eine wissenschaftliche Tatsache als auch ein stetes Geheimnis, daß Ziel und Geschichte des gesamten Evolutionsprozesses in den Genen und Chromosomen enthalten sind, die der Vereinigung von Sperma und Ei entspringen. Was auch immer Gott oder die Natur im Laufe dieses langen Evolutionsplans hervorzubringen beabsichtigen, ist in unserem Drang, uns zu vermehren, bereits enthalten. Die Sexualorgane stimmen mit der gesamten Symphonie des Seins überein. Verschlüsselt in unserer Suche nach Lust finden sich Intention, Ziel, Zweck, Bedeutung und Bestimmung. Wenn wir den Eros in seiner Gesamtheit begreifen, entdecken wir möglicherweise einen in der sexuellen Erfahrung verborgenen Impuls, der uns zur Entfaltung des Bewußtseins führen könnte. Unser zunehmendes Verlangen ist vielleicht der sicherste Weg zum Geheiligten. Was ist an dem Gedanken so bestürzend, daß der Kortex (ein Nachzügler in der Entwicklungsgeschichte) die in den Geschlechtssekreten programmierte kosmische Absicht vorbehaltlos verstehen könnte? (Ist das Sinnbild von der Kundalini-Schlange, die sich das Rückgrat hinaufwindet, möglicherweise eine intuitive Vorwegnahme des Doppelspirale unserer Erbanlagen, der DNS-Spirale?)

Tantra bringt uns am meisten, wenn wir mit seinen Symbolen spielerisch umzugehen wissen. Meiner Ansicht nach sollten wir die sieben Chakras als Symbole von jeweils sieben Lebensphilosophien, sieben

Menschentypen, sieben Stufen des menschlichen Erdenlebens und sieben Liebesstellungen betrachten.

Zunächst möchte ich aber noch eine Aufforderung *und* eine Warnung anbringen. Die hier diskutierte Landkarte des Bewußtseins sieht eine Wechselbeziehung zwischen einer bestimmten Tätigkeit oder Gesinnung und einem Teil des Körpers vor. So stehen beispielsweise die Raffgier und die Tendenz, alles als Besitz zu erfassen, in Zusammenhang mit den Gedärmen oder dem ersten Chakra. Die Anatomie und Physiologie des Chakra-Systems beruhen eher auf Selbstbeobachtung als auf wissenschaftlichen Daten. Aber wie das Meridian-System in der Akupunktur, so findet sich auch hier eine gewisse empirische – aus der Erfahrung gewonnene – Grundlage. In der westlichen Psycho-Physiologie zeigte Freud ähnliche Wechselbeziehungen zwischen Anatomie und Charakter auf, indem er zwischen Anal-, Oral- und Genitaltypen unterschied. Falls diese psycho-physiologischen Grundlagen eher spielerisch denn wörtlich interpretiert werden, sind die dort nahegelegten Wechselbeziehungen in der Selbstdiagnose und Selbstheilung nützlich. So besteht beispielsweise ein psycho-physiologischer Zusammenhang zwischen Verstopfung, Hämorrhoiden und einer «hortenden» Lebensweise. Ebenso scheinen Magengeschwüre mit vermehrt aggressivem Verhalten oder unterdrücktem Zorn in Wechselbeziehung zu stehen. Die Fähigkeit, Krankheiten als Konglomerat von physischen, psychologischen und philosophischen Einflüssen zu betrachten, bildet das Fundament der sich entwickelnden ganzheitlichen Medizin.

Begib dich nun, von diesen Grundlagen begleitet, auf eine Reise durch den eigenen Körper – dessen Freuden und Schmerzen – und durch die Hierarchie deiner Wertmaßstäbe. Spiel mit dem symbolischen Gehalt der von dir bevorzugten erotischen Praktiken. *Nimm nichts wörtlich!* In einem physio-symbolischen Tier, einem der Sprache mächtigen Wesen sind Sache und Bedeutung stets vermischt. Bis zu einem gewissen Grad – der von der Evolution noch zu bestimmen sein wird – beeinflußt die Vorstellungskraft den Aufbau und die Empfindungen unseres Körpers. Geist und Materie sind möglicherweise nicht monogam, aber ihre Verbindung ist eng und dauerhaft. Das Bild, das wir uns von uns selbst machen, bestimmt unser Sein.

Der Aufstieg zum Bewußtsein

Man stelle sich seinen Lebensweg als Besteigung eines siebenstufigen Berges vor. Wenn wir zuunterst an dessen Fuße beginnen, müssen wir sechs Königreiche durchwandern – und bewohnen –, ehe wir den Gipfel erreichen. Auf jeder Stufe unserer Reise nehmen wir umfassendere Perspektiven wahr und begreifen immer mehr von der Welt, die sich zu unseren Füßen ausbreitet. Mit zunehmender Bewußtheit wird unser Körper leichter und energiegeladener, unser Geist wandlungsfähiger – beweglicher – und unser Herz mitfühlender. Jedes Königreich, in dem wir uns während der Reise aufhalten, hat seine eigenen Gesetze, Weltanschauungen, politischen und wirtschaftlichen Dogmen sowie Lebensformen hinsichtlich Sexualität und Liebe. Während all der Jahre, die wir uns in einem dieser Königreiche aufhalten, scheinen uns die dort geltende Weltanschauung und der entsprechende Lebensstil normal und nahezu befriedigend. Aber eine gewisse Unruhe läßt uns weiterziehen – das Höchste erstrebend. Intuitiv vertrauen wir den Berichten jener Abenteurer, die bereits vom Gipfel zurückgekehrt sind. Die Hoffnung auf ein erleuchtetes, leidenschaftliches und erfülltes Leben, wie es offenbar jene erlangen, die sich bis zum Höchsten durchgekämpft haben, spornt uns an. Und so klettern wir einem Ziel entgegen, das, von unten gesehen, stets von Wolken umhüllt ist.

Man stelle sich nun vor, daß dieser Berg mit all seinen niedrigen und höheren Königreichen sich in uns selbst befindet und daß wir uns bei unserem Aufstieg von einer niedrigeren zu einer höheren Form der Bewußtseinstufe bewegen. Innerhalb unseres Geistes und unseres Körpers findet sich ein ganzes Universum – eine ganze Hierarchie von Möglichkeiten. Wir selber bestimmen, welches der sieben Königreiche unsere Heimat sein wird.

Wie in den meisten Formen verfeinerter Mystik findet sich auch in Tantra ein Grundprinzip, das den Geist und den Körper des Menschen mit dem Kosmos vereint. Dies kann auf unterschiedliche Weise ausgedrückt werden: Wie unten, so oben; je tiefer drinnen, je weiter draußen; der Mikrokosmos widerspiegelt den Makrokosmos; jede hierarchische Stufe des Seins findet sich im Menschen; der menschliche Geist ist ein Hologramm des Universums.

In der konkreteren religiösen Symbolik gelangt dieser Glaube bildhaft zum Ausdruck, indem das menschliche Rückgrat mit seinen sieben vertikalen angeordneten Energiezentren dem siebenstufigen kosmischen Berg – Mt. Meru, Mt. Sinai usw. – gleichgestellt wird. Berg/Rückgrat bildet eine Achse (*axis mundi*), welche die unteren Reiche (Hades; das Unbewußte), Mittelerde (die alltägliche Welt des Ego) und die himmlischen Gefilde (ideale, aber unsichtbare Strukturen, Kräfte und Wesenheiten, die allen sichtbaren Realitäten zugrunde liegen und diese beseelen) miteinander verbindet. Jedes dieser sieben Körperzentren steht mit seinem kosmischen Gegenstück auf derselben Schwingungsebene. Wir bringen uns mit verschiedenen Stufen der Realität in Einklang.

Physisch-seelisch-geistige Krankheit beruht auf einer Blockierung, die uns das Kommunizieren oder Mitschwingen unmöglich macht. Gesundheit bedeutet vorbehaltlose körperliche Präsenz, die der ganzen Skala kosmischer Rhythmen und Ziele Zugang läßt und die verschiedenen physisch-psychisch-geistigen Systeme innerhalb des Körpers in Übereinstimmung bringt. Die Art und Weise, wie wir uns vom Kranksein der Gesundheit zuwenden, ist gleichbedeutend mit der Bewußtseinserweiterung und der Metamorphose des Eros. Wir werden ganzheitlich, indem wir allen sieben Königreichen der Liebe als Bürger angehören.

Das Königreich des Besitzes

Die Landschaft

Der Aufstieg zum Licht beginnt in Finsternis. Eine schöpferisch-fruchtbare Dunkelheit verdeckt die Wurzeln menschlichen Bewußtseins. Das Königreich des Besitzes nimmt seinen Anfang in den Sümpfen, wo erstmals Leben aufs trockene Festland kriecht; es erstreckt sich nach und nach über den Urwald und dringt bis zu den Sawannen vor, wo sich auf Bäumen wohnende Affen auf ihre Hinterbeine erheben, aus Steinen Waffen verfertigen und sich auf den langen Weg zur Zivilisation begeben. Ausgiebige Regenfälle und vermodernde Pflanzen bewirken, daß das ganze Land von einer dicken Humusschicht überzogen wird. Die Luft ist üppig und von Moschusduft erfüllt. Ein sanfter Nebel verwischt alle scharfen Konturen und vereint Pflanzen, Tiere und menschliche Wesen in einem einzigen Kreislauf.

Die Männer und Frauen, die in diesem Königreich wohnen, sind stark mit ihren Sippen und ihrer Umwelt verbunden. Wie Tiere scheinen sie mit ihrem Wohngebiet aufs engste verwurzelt. Sie sind ihres Selbst nicht bewußt genug, um die angsteinflößende Freiheit, ein Individuum zu sein, erfahren zu können. Obwohl die Skala der Einwohner dieses Königreichs vom nackten Eingeborenen bis zu den in grauen Flanell gekleideten Managern multinationaler Gesellschaften reicht, leben alle bedingungslos und ohne Fragen zu stellen – in einem ungebrochenen Mythos oder in dessen moderner Variante, einer wirtschaftlichen oder politischen Ideologie. Wie Kinder verharren sie im Schoße einstmals aufgenommener Werte und Vorstellungen. Noch gehören sie nicht zu den Abenteurern des Wissens, die ihren Garten der Unschuld zu verlassen wagen, um den ganzen Umfang nichtstammesgebundenen menschlichen Bewußtseins zu entdecken. Als Menschen im vorbewußten Stadium leben sie gesichert in einer vertrauten, aber von Klaustrophobie gezeichneten Welt.

Eine weitverbreitete Philosophie verbindet das Ursprüngliche mit dem Verfeinerten. Die «Besitzer» sind Wortgläubige und Materialisten. Ohne sich Gedanken zu machen, stellen sie die Idole ihres Stammes dem allumfassenden Gott gleich, ihre wirtschaftlichen Werte und sexuellen Gepflogenheiten der absoluten Moral, ihre Besitztümer der Sicherheit, ihr Geld dem Reichtum, ihre Fetische der Macht. Es mangelt ihnen an reflektierendem Selbst-Bewußtsein und damit an der Fähigkeit, Symbol und Sache zu unterscheiden. Ihre fanatische Treue und Betriebsamkeit im Dienste ihres als Selbstverständnis erlebten Materialismus – den sie als «Realismus» bezeichnen – machte sie reich an Dingen, jedoch arm in der Vorstellungskraft.

Im besten Falle werden die Einwohner dieses Königreichs von einem kindlichen Vertrauen ermutigt, daß die Welt ihre Bedürfnisse befriedigen wird; erdgebundenes Wissen und Respekt vor Fakten läßt sie mit beiden Beinen fest auf dem Boden stehen. Ihre Tugenden sind jene der Grundstufe und müssen überwunden werden, ehe die Reise in höhere Bereiche des Bewußtseins beginnen kann. «Mind» muß der Materie verpfändet sein – erst dann kann er sich zum Geist erheben. Wir haben uns der Notwendigkeit zu unterwerfen, um zu wissen, was Freiheit ist. Liebe offenbart sich zunächst in Form von Überlebenswillen.

Eros und Bindung

Am Anfang ist die Raffgier. Das Bewußtsein beginnt äußerst bescheiden. Im Bereich der niedrigsten Lebensformen gelingt einigen hungrigen Zellkernen, dessen «habhaft zu werden» (Whitehead), was für die Entwicklung komplexeren Lebens notwendig ist. Wer Ohren hat, zu hören, der vernimmt, daß jener Impuls, der sich zur vollständigen Transzendenz des ichbewußten Bewußtseinszustandes (der Mensch) entwickelt, als stumme Verheißung bereits in der uranfänglichsten Wesenheit vorhanden ist. Das Bewußtsein nimmt seinen Anfang gleichsam in der Futterkrippe. Der Geist ruht in der Materie, und Herrlichkeit ist im Niedrigsten verborgen. Im Innern bereiten sich die erhabensten Möglichkeiten vor.

Zunächst ist das Individuum noch kein Einzelwesen. Ehe es ein Ich und ein Du gibt, findet eine Verbindung statt. Sperma und Ei nisten sich gemeinsam in der Gebärmutter ein. Die Keimzelle wird zum Foetus.

Noch ist alles eine Einheit: Mutterundkind. Ein im Werden begriffenes Wesen entfaltet sich; es wird genährt und nimmt, was es erhält.

Am Anfang ruht das Ur-Einzelwesen vollständig umschlossen in der Gewebeschicht der Gebärmutter. Sicherheit kommt vor dem Abenteuer. Das Leben ist zuerst ein Geschenk – oder eine gegebene Tatsache. Letzteres zählt mehr als die Fiktion. Mein Beginn war prosaisch, ehe ich mir mein Selbst vorzustellen und zu dichterischen Gefühlen oder Selbstbewußtsein durchzubrechen vermochte.

In der tantrischen Mythologie beginnt die Erweiterung des Bewußtseins dann, wenn die Kundalini-Schlange, die bislang – am unteren Ende des Rückgrates zusammengerollt – geschlafen und mit ihrem Schlund dessen Öffnung versperrt hat, erwacht und in Form der ursprünglichen sexuellen Energie die Wirbelsäule hochzukriechen beginnt. Diese Lebensenergie ergießt sich zunächst in das erste Chakra (Muladhara), das sich am Anfang des Rückgrates befindet. Der Sitz des Bewußtseins liegt in nächster Nähe des Anus.

Auf dieser untersten Stufe besteht das Bewußtsein aus einer blinden Suche nach Sicherheit. Die Augen (vielmehr Mund und Anus) erfassen die Welt nur vom Standpunkt des Bedürfnisses aus. Alles dient einzig und allein meinem Überleben oder meiner Befriedigung. Ich bin der Mittelpunkt, um den sich alles dreht. «Mein» ist das wichtigste Wort! Offensichtlich könnte kein einziges Kind überleben, wenn es nicht ichbezogen wäre und blindlings nach der Nahrung greifen würde, die seine Mutter ihm anbietet.

Um sich von der erotischen Urerfahrung – diesem Quell des Genusses, der (im Idealfall) zu den Anfängen des menschlichen Lebens gehört – ein Bild machen zu können, stelle man sich eine stillende Mutter vor. Die Herzschläge von Mutter und Kind stimmen überein: wenn die Brustwarze in den begierigen Mund eingeführt ist, sind beide von tiefem Genuß erfüllt. Mutter und Kind sind in Freude vereint. Füttern und Gefüttertwerden verschmelzen zu einem einzigen erotischen Erlebnis.

An der Brust unserer Mutter lernten wir die Grundsätze erotischer Philosophie: Wir gehören zusammen; Isolation bedeutet Tod – Bindung ist Leben; Freude wurzelt in gegenseitigem Bedürfnis; Sitz der Gebor(g)enheit ist die Gebärmutter, die mich hervorgebracht hat; Begehren beruht auf Gegenseitigkeit; die Lust, die ich empfinde, wird durch die Lust entfacht, die ich vermittle; Geben und Nehmen sind untrennbar miteinander verbunden.

Wenn diese erste Philosophie erlernt und der Begriff Genuß/Bindung etabliert ist, beginnt das Kind sein Leben mit einem eigenen Gefühl für die Güte des Universums. Dieses «Urvertrauen» ermöglicht dem Kind, die Sicherheit der mütterlichen Obhut zu verlassen und vertrauensvoll eine Welt zu erforschen, die stets als eine Art Gebärmutter – eine alles umfassende, wohltätige Einheit – erlebt sein will.

Unglücklicherweise findet diese Bindung bei vielen – vielleicht den meisten – Menschen nicht in idealer Weise statt. Eine ängstliche oder ihr Kind ablehnende Mutter vermittelt ihm sozusagen auf osmotischem

Wege eine grundlegende Unsicherheit. Das Kind, dem das Gefühl von Willkommensein, glückerfülltem «Zusammengehören» und natürlicher Sicherheit mangelt, lernt die begrenzte Zuwendung «zusammenzuraffen» und zu horten. Nach und nach treten anstelle von Menschen Dinge, die als Quell der Freude und Sicherheit dienen. Wenn dem Kind dieses erste Gefühl der *Zusammen*gehörigkeit vorenthalten wird, lernt es alsbald, daß Liebe jemandem *gehören* bedeutet. Falls diese possesive Orientierung nicht aufgelöst wird (beispielsweise durch die Begegnung mit als «Ersatzeltern» akzeptierten Menschen, die sich über das Dasein des Kindes echt freuen), begreift das Kind den Begriff Eros eher als Unterwerfung denn als Bindung. Die Kundalini-Energie wird sich nicht zum nächsten Chakra erheben.

Das Leben als Besitztum: Die materialistische Orientierung

Menschen, die auf dieser infantilen Stufe stehen bleiben, entwickeln das, was Erich Fromm als «hortende» Orientierung bezeichnete – eine Philosophie des Materialismus. Der Unerweckte sieht die Welt als eine zufällige Wechselwirkung geistloser/unbeseelter Teilchen. Das Leben ist ein Gefängnis aus Ursache und Wirkung, wo alles vom Vorhergegangenen bestimmt wird: Die Zukunft läßt sich aus der Vergangenheit vorausahnen.

Der Kosmos besteht aus einer Reihe von Dingen und stofflichen Beziehungen. Der Lebensstil auf dieser Bewußtseinsgrundlage zeichnet sich durch Zusammenraffen und Horten von Besitz aus. «Haben» gilt als einzige Sicherheit. Aus diesem Grunde hält man sich hartnäckig an sein Geld, seine Vorstellungen, seinen Standpunkt, seine Ideologie oder religiösen Dogmen. Menschen dieser Gesinnung entwickeln – im wahrsten Sinne des Wortes – eine «verstopfte» Lebensanschauung.

Die moderne Psychologie vereinnahmt nach und nach die tantrische Erkenntnis, die gleichsam ein Anlagern des Bewußtseins an gebündelte Nervengeflechte in Muskeln und Organen – den Chakras – in Zusammenhang bringt. Mit einfachen Worten ausgedrückt: Ein auf der untersten Bewußtseinsstufe verbliebener Mensch ist verkrampft, verstopft, paranoiden Zwängen unterworfen oder anal. Freud, Wilhelm Reich und N. O. Brown haben viel dazu beigetragen, das Erscheinungsbild der Chakra-Persönlichkeit detailliert darzustellen. Der Anus ist die erste Körperstelle, die einem fremden Willen unterworfen wird. Unterdrückung nimmt hier ihren Anfang. Das Früheste, was man von uns zu erlernen erwartet, ist Disziplin in der Beherrschung der analen und urethralen Schließmuskeln. «Toilettenordnung» ist unsere Einführung in Realitäten der Erwachsenenwelt, wo Pflicht höher eingestuft wird als Freude. «Erfülle deine Pflicht!» werden wir ermahnt. «Beschmutze nicht das eigene Nest!» «Mach keine Schwierigkeiten!» Der Preis, den wir für den Eintritt in die Gesellschaft «Ebenbürtiger» bezahlen, besteht darin, daß wir erlernen, zu erfassen, zu halten, auf Wunsch zu produzieren und uns selber zu beherrschen (d.h., ein Teil des Selbst lernt, einen anderen zu kontrollieren und zu beherrschen). Fäkalien sind das erste, was wir geben oder zurückhalten können – je nachdem, ob wir die Eltern erfreuen oder enttäuschen wollen. Falls wir eine gute Bindung erfahren durften und uns das grundlegende Recht zusteht, neuen Dingen und Fähigkeiten in einer Atmosphäre der Liebe und des Vertrauens zu begegnen, so werden wir die ersten Lektionen dieser «Toilettenordnung» recht gut lernen. Ist dies jedoch nicht der Fall, so wird die ganze Angelegenheit von Schamgefühl überlagert. Aufgrund dieser Scham und aus Angst vor Verlassenwerden können wir «unfeinen» Dingen und Körperfunktionen nie unbefangen begegnen; weil wir nie im Schmutz graben, stoßen wir auch nie auf unsere Wurzeln, und unser Bewußtsein bleibt auf der ersten Stufe stecken. Das, was Gabriel Marcel als «Geist des Besitzes» bezeichnete, beherrscht unseren Geist. Wie die Amöbe verstehen wir uns bloß auf die erste Bewußtseinsregung – Greifen und Raffen.

Das Vorherrschen der «analen» Orientierung innerhalb der westlichen Gesellschaft ist bis zu einem gewissen Grade unserer unzulänglichen Bindung zuzuschreiben. Letzteres beruht oft auf der in vielen Kliniken herrschenden Gepflogenheit, Neugeborene und Mütter getrennt unterzubringen. Damit wir die Brusternährung des Kindes – und damit die erste tiefe Bindung – kaum gefördert. Man schätzt, daß mehr als fünfzig Prozent aller Menschen in der westlichen Gesellschaft an Verstopfung und Hämorrhoiden leiden – Krankheitsbilder, die auf eine Disharmonie im Bereich des I. Chakras zurückzuführen sind. Die unglaublichen Mengen verkaufter Abführmittel und Antihämorrhoidalpräparate sind stumme Zeugen für jenen Preis, den die Menschen dafür bezahlen, daß sie ihr Potential nicht über die erste Stufe hinausentwickeln. Unser Drang, zu erwerben, und der Mythos, daß Moneten Sicherheit bedeuten, verstopfen und blockieren uns. Bestenfalls könnte der Kapitalismus das Geld zur Festigung der allgemeinen Lebensfreuden liefern – schlimmstenfalls bringt er uns aber dazu, den Hintern immer mehr zusammenzukneifen. Die ungelebte Freude, die dem verkrampften Körper versagt bleibt, können wir bloß vermuten. Man drücke einmal den Analschließmuskel zusammen und stelle fest, wie sehr man Bauch, Brust und Augen anspannen muß, um sich «unter Kontrolle» zu halten! Das erstarrte Becken hemmt die Bewegung des Kreuzbeins beim Tanzen, Lieben und Gehen – rhythmischer Schwung wird verhindert. (Die Ausdauer der Langstreckenläufer bei den Watussi ist der charakteristischen Lockerheit von Becken und Kreuzbein zugeschrieben worden. Auf diese Weise entsteht dem ganzen Rückgrat entlang eine Art Pumpbewegung.) Im Königreich des Besitzes sind die Einwohner vielleicht «besitzend», aber sie sind nicht frei, um sich von der ekstatischen Kraft bewegen zu lassen, die allen Gottheiten dieser Erde zueigen ist.

Sex und Hörigkeit: Das Du als Sache

Hat man sich einmal die Philosophie veranschaulicht, die im Königreich des Besitzes vorherrscht, so werden die sexuellen Gepflogenheiten dieser Bewußtseinsstufe leicht durchschaubar: Eros ist eine Form des Besitzes. Liebe und Sexualität sind Mittel, um zwei Menschen aneinanderzuketten und damit die Sicherheit zu festigen. Dutzende von Ärzten und Gurus, die in den von mir durchgesehenen Büchern ihre Weisheit zum besten gaben, hatten eines gemeinsam: Sie alle erachteten Sex als eine Form des Habens und Besitzens.

Bis vor kurzem gehörte Sex zu den Besitzrechten. Frauen, Sklaven und Eigentum waren «Dinge», die man «besaß». Die Ehe erachtete man als wirtschaftliche Übereinkunft, die der Zeugung von Kindern und der Pflichtenteilung diente. Noch im viktorianischen Zeitalter galt Sex als Pflicht der Frau und als Recht des Mannes, und bis vor wenigen Jahren gaben die sogenannten Frauenmagazine ihren Leserinnen Ratschläge, wie sie dieser Pflichtübung am besten nachkamen. In unserer liberalisierten Zeit haben sich die meisten Leute von der Ansicht distanziert, wonach die Frau in der Ehe nur als halbwertiger Partner gilt. Aber viele «Lebensberater/innen» der Herz- und Schmerzrubriken zahlreicher Zeitschriften empfehlen den

Frauen nach wie vor, ihren Mann zu «faszinieren» und Sex als Instrument des «Habens und Festhaltens» – bis daß der Tod euch scheidet – einzusetzen. Feminismus, die Entwicklung der Pille und Mehrfachorgasmus führten dazu, daß sich die Männer vermehrt um ihre eigenen sexuellen Fähigkeiten zu kümmern begannen – plötzlich waren sie ihrer Partnerin nicht mehr vorbehaltlos «sicher». In dieser etwas ausgewogeneren Form sexuellen Verhaltens wird beiden Partnern aufgezeigt, daß ihre getrennt verlaufenden, aber gleichwertigen sexuellen Streicheleinheiten für eine lustvolle Verbindung unerläßlich seien (Masters).

Auf der gröbsten Stufe erniedrigt possessiver Sex den Partner zu einem Gegenstand – in der Vulgärsprache «liebt» man nicht, sondern man «greift sich einen Arsch». Deutlicher könnte der unbewußte Zusammenhang zwischen Analität und Sexualität, die den Geschlechtsverkehr zu einem Akt des Besitzens degradiert, nicht zum Ausdruck gelangen. Die anale – oder zwanghafte – Persönlichkeit unterscheidet eindeutig zwischen sauber und schmutzig, Müttern und Huren, guten und schlechten Frauen, Ehegatten und Liebhabern, Zärtlichkeit und Erregung. Das eine schließt das andere aus! In dieser archetypischen Trennung ist Sex schmutzig, aber aufregend, und Liebe «sauber», aber langweilig. «Die harten Jungs» greifen sich schon mal den «Arsch» eines Weibs in schwarzer Unterwäsche – aber sie heiraten die Jungfrau in Weiß.

Zwei Leute machen «es» mit ihren «Sachen», ohne auch nur im geringsten zu ahnen, daß der prosaische und mechanische Charakter ihrer Sprache den unerschöpflichen Möglichkeiten menschlicher Zweisamkeit in keiner Weise gerecht wird.

Die im Königreich des Besitzens herrschende Sichtweise der Sexualität offenbart sich am konsequentesten im Sadomasochismus. Handschellen und Stricke, Peitsche und Leder. Fessle mich. Schlag mich. Erniedrige mich zu einem Gegenstand. Mach mich zu einer willenlosen Masse – degradiere mich zur Scheiße. Ich will dein Sklave sein. *Die Geschichte der O*. Die freiwillige Obersklavin. Das sadomasochistische Drama ermöglicht beiden Partnern, ihrer Phantasie von Besitz und Objektivierung freien Lauf zu lassen. Ein Gegenstand zu sein, bringt perverse Erleichterung: Gegenstände verfügen weder über Bewußtsein noch über eine freien Willen. Sie treffen keine Entscheidungen, teilen keine Verantwortung und kennen keine Schuld.

Betrachtet man den Sadomasochismus unter diesem Aspekt, so fragt man sich, ob nicht in vielen Mittelklasse-Ehen versteckt dieselben Spielregeln gelten. Hier geht's zwar nicht um Peitsche und Leder – aber wie oft wird die Sexualität (in- und außerhalb der Ehe) von den Rollen des dominierenden Macho und der passiv-aggressiven Ergebenen bestimmt? Neuerdings findet sich hierzu auch die entgegengesetzte Variante der Macho-Frau und des ewig unerwachsenen Jungen.

Die Transformation der Grundenergie

Die Schlange erwacht. Die Kundalini regt sich. Die kosmische erotische Energie beginnt das Rückgrat hinaufzusteigen. Die Evolutionsspirale bewegt sich in Richtung erhöhten Bewußtseins. Der Raff-Instinkt macht einem Bewußtsein Platz, das ein Nachdenken über unsere Bindung zur Umwelt ermöglicht. Der Körper transformiert sich auf natürliche Art und Weise gleichzeitig mit unserem Schritt zur nächsten Stufe, der uns vom Besitz zur Freude führt. Die possessive Orientierung gegenüber dem Leben ist jedoch erst dann vollständig überwunden, wenn wir die Welt als eine Perspektive göttlicher Gnade sehen. Wir bereits Luther festgestellt hatte, vermag nur die höchste Form des Vertrauens unser innerstes Sein zu bewegen.

Das Königreich des Spiels

Die Landschaft

An der Grenze zum Königreich des Spiels wechseln Szenerie und Klima rasch und unerwartet. Der kräftige Geruch des Humus, das Dunkelbraun und Jadegrün des Urwaldes weichen den lichteren Farbtönen des Flachlandes. Der ununterbrochene Sonnenschein hinterläßt auf dem offenen Land seine goldenen Spuren, und über allem strahlt ein azurblauer Himmel. Die Luft ist klar und rein – da und dort entdeckt man zarte Blumen. Im ersten Augenblick glaubt man sich in ein Land ewigen Frühlings versetzt. Überall scheint es zu sprießen. Im Glitzern der Tautropfen widerspiegelt sich ein Licht, das wir als ewige Morgenröte erkennen. Aus weiter Ferne dringt Musik und Lachen – es ist, als hätten wir den Umkreis der irdischen Götter hinter uns gelassen und den der Himmelsgötter betreten.

Die Einwohner dieses Reiches scheinen zumeist jung und offen zu sein – Lernende, die sich auf Abenteuer in höheren Regionen vorbereiten. Ihr Optimismus und ihre sorglose Vitalität ist allgemein spürbar. Überall spricht man von seinen Träumen, Plänen und vom unvermeidlichen Fortschritt. Die jungen Gesichtger tragen keine Spuren von Leid oder Zweifel. Glücklichsein ist ihr Geburtsrecht – sie werden diesen Zustand nach kurzem und schmerzlosem Kampf nach oben erreichen. Die Lorbeeren sind ihnen sicher.

Es gibt ältere Bürger, die sich hier für immer niedergelassen haben. Einige von ihnen, die von den Jungen als Lehrer erwählt worden sind, tragen in ihrem betagten Körper einen zeitlosen Geist. An ihren Lachfalten erkennt man sie als Meister des Humors. Sie strahlen eine weise Unschuld aus, und die Bühne des Lebens bringt ihnen stets neue Anregung. Eine andere Gruppe der älteren Bevölkerung scheint nie erwachsen zu werden – ihre unreifen Gesichter sind sanft und leer. Die Zeit scheint an ihnen spurlos vorüberzugehen. Es ist, als ob sie nie wirklich gelebt hätten und ihre Mienen zu Theatermasken, ihre Worte und Handlungen zu unbeseeltem Rollenspiel erstarrt wären.

Die in diesem Reich wohnenden Philosophen bezeichnen das ganze Sein als ein Spiel. Sie sehen den Menschen als *homo ludens* und lehren, daß das Leben als Spiel aufzufassen sei.

Die Welt als Spielfeld

Wenn wir unser Urvertrauen genügend verankert haben und begreifen, daß uns die Mutter nähren und erhalten wird, wagen wir es, das *Königreich des Spiels* zu erforschen. Jedes Kind beginnt seinen Weg zum Bewußtsein in Form von fünf Sinnesorganen auf der Suche nach einem Weltbild. Lange ehe das Gehirn bestätigt: «Ich denke, also bin ich», wird der Körper von vermischten Gefühlen der Freude und des Schmerzes durchdrungen; unter Gelächter oder unter Tränen bestätigt er: «Ich fühle, also bin ich».

Die erste Welt ist die Mutter – die zweite ein Spielfeld. Sinneseindrücke formen nach und nach das Bewußtsein. Das Kind sitzt mitten in einem Zaubertheater, umwirbelt von unbekannten Dingen, die auf seine Sinne einen verworrenen Eindruck ausüben. Nach und nach tritt ein bestimmter Gegenstand aus diesem Kaleidoskop von Licht und Schatten, Farbe und Form, Temperatur und Strukturen hervor – was bislang unbewußt dieselben Gefühle auslöste wie die Mutterbrust, manifestiert sich nun als Teddybär. Im Spiel mit Gefühlen formen wir uns ein Weltbild. Nichts ist in unserem «Mind» vorhanden, das nicht zunächst mit den Sinnen erfaßt wurde.

Der ganze Körper des Kindes ist eine einzige erogene Zone; jedes Sinnesorgan bringt erotische Befriedigung. Der Mund findet unterschiedslos Gefallen an der Brustwarze, an der großen Zehe, am Daumen und an der Rassel. Die Augen nehmen jede Bewegung und alle Farben auf. Die Ohren erfreuen sich an nahezu jedem überraschenden Geräusch. Die Haut erfährt gerne Berührungen. In der seltsamen Sprache Freuds ausgedrückt, sind Kinder «polymorph pervers». Sie kennen noch keine Scham – Entzücken und Schmerz sind deshalb ihre Lehrmeister. Die Kinder haben ihren Körper noch nicht in private (erotische) und öffentliche (entsinnlichte) Teile eingeteilt. Der sich bildende «Mind» wird durch die Erforschung der sybaritischen – genußsüchtigen – Sinne geformt. In der frühen Kindheit (vor dem Fall in den Zwang von Pflicht, Entschluß und Zeit) führen wir alle das Dasein von Playboys und Playgirls.

Am Anfang der ernstzunehmenden Aufgabe des Heranwachsens stehen Spiel und Nachahmung. Spaß und Spiel sind unsere erste Schulung. Wir lernen, indem wir nachahmen und in gewisse Rollen schlüpfen: Die ganze Welt ist eine Theaterbühne. Indem wir wie Vater daherstolzieren (der seinerseits vielleicht ein anderes Idol nachgeahmt hatte), lernen wir zu gehen.

Bereits im Jünglings- und Jungmädchenalter haben die meisten von uns das Königreich des Spiels nahezu durchschritten. Gesellschaftliche Reife impliziert, daß kindliche Belange und die Freude als Grundlage des Seins wegfallen – man lernt, sofortige Belohnung zugunsten langfristiger, dem Ego dienlicherer Pläne aufzuschieben. Beinahe unbemerkt gehen wir vom spielerischen Dasein zum ernsthaften Geschäft des Erwachsenwerdens über. Die vollständige Einführung in das kulturelle Rollenverhalten wird von einem Ritus bestimmt, der Schritt für Schritt vom *Eros* zum *Logos* führt. Die begrenzte Zeit, während der wir mit dem Leben spielen durften, ist nahezu vorbei. Bald gilt es, unsere Führerscheinprüfung zu absolvieren, einen Job und Kreditkarten zu erlangen und die Grenze zum Königreich der Macht zu überqueren. Von nun an unterdrücken wir für lange Zeit (d.h. bis zum Erreichen der sechsten Bewußtseinsstufe) die vielgestaltige Sinnlichkeit der Kindheit und verbannen die lebensvolle Freude in das Ghetto des Genitalbereichs: wir gelangen zum zweiten Chakra. Unsere Energie und unsere Wünsche werden vermehrt in Arbeit als in Spiel umgesetzt. Unser Instinkt für unbegrenzte Lustbarkeit wird gebändigt.

Sexuelle Spiele

Ehe wir die Kindheit vollständig hinter uns lassen, durchlaufen wir – oder zumindest sollte wir dies – nochmals eine begrenzte Zeit der Erotik. Die Natur bereitet uns auf das Erwachsenenleben mit verstärkten ekstatischen Momenten vor: Unsere Drüsen programmieren die Transformation des Eros. Mit Beginn der Adoleszenz verlagert sich unsere orale und anale sinnliche Orientierung schlagartig in den Genitalbereich – es wird zum neuen Ziel unserer Freuden. Geheimnisvolle Schwellungen, das Wachsen der Schamhaare und ein plötzliches Interesse am anderen Geschlecht signalisieren, daß wir unsere Befriedigung alsbald außerhalb der Familienbande zu suchen haben. Es ist Zeit, vom ersten zum zweiten Chakra überzugehen, das von der Tantra-Tradition im Genitalbereich lokalisiert und als Swadhisthana bezeichnet wird.

Im Idealfall wird dieser Übergang durch sexuelle Spiele erleichtert. Knabe und Mädchen (oder Knabe und Knabe – Mädchen und Mädchen) treffen sich, und es kommt zu ersten scheuen Berührungen. In dieser Anfangszeit der Sexualität untersteht die Entdeckerfreude noch keiner Moral. Wir tasten nach den andern und erspüren den Feedback unserer Sinne. Fühlt es sich gut oder schlecht an, lustvoll oder schmerzlich? Diese sexuellen Grunderfahrungen sind eine Spielart jenes Abenteuers unserer Sinne, ohne das wir die Welt nie direkt kennenlernen würden. Ohne erotische Erfahrung würde unser «Mind» sich nicht erweitern. Wird unsere Entdeckungsfreude vorzeitig durch Bemerkungen wie «nicht berühren», «Schmutz» und allerlei «Müssen» und «Sollen» beeinträchtigt, so gelangen wir nie zu einem freien Erkennen unserer natürlichen Bedürfnisse. Sexualität ist – wie die Bibel und Germaine Greer festgestellt haben – «ein Weg der Einsicht». Wenn wir die Welt nicht auf vielfältige Weise sinnlich erfahren, werden unsere Urteile stets Vorurteile sein: von unseren Eltern und Standesbrüdern/-schwestern a priori übernommene Ansichten, Zwänge und Gesetzmäßigkeiten. Falls wir nur ungenügend erfahren, was unseren Bedürfnissen entspricht – was uns anzieht –, werden wir unsere wahre sexuelle Bestimmung nie entdecken. Wir sind nur dann zu einer klaren und dauernden Liebesbeziehung fähig, wenn wir tatsächlich wissen, welche Sorte Mensch wir – im wahrsten Sinne des Wortes – «riechen» können.

Ob diese erste Stufe des sexuellen Abenteuers bereits Geschlechtsverkehr miteinbezieht oder sich auf Küssen und «Petting» beschränkt, ist weniger wichtig als die allgemeine Haltung, mit der sich zwei Menschen auf diese Entdeckungsreise begeben. Wie bei allen Lernprozessen hat das Spielerische vor der Ernsthaftigkeit, die Freude vor der Pflicht zu stehen. Unsere beste Hoffnung in bezug auf die Entwicklung einer «reifen» Sexualität (d.h. der nächsten Stufe der Transformation des Eros, auf der Freude und Pflicht vereint sind) beruht auf der Fähigkeit, diese begrenzte Zeit der sexuellen Spiele ohne Blick auf Konsequenzen oder langfristige Versprechen voll und ganz genießen zu können.

Perverse Spieler: Knabenhafte Männer und unreife Frauen

In jeder Kultur legen die meisten Menschen jenen Zustand ab, den sie als kindisches Spiel erachten, und eignen sich eine «erwachsene» Verhaltensweise an. Eine gewisse Minderheit jedoch ist entschlossen, nicht erwachsen zu werden: sie lassen sich für immer im Königreich des Spiels nieder. Das sind dann die sogenannten Playboys und Playgirls. Jung bezeichnete solche Charaktere als *aeternus* und *puelle aeterna*: Menschen, die nie erwachsen werden. Auf das zweite Chakra fixierte Persönlichkeiten, die das Suchen nach Genuß zum Mittelpunkt ihres Daseins machen. Hedonisten, Lüstlinge, Sybariten.

Sören Kierkegaard umriß diesen Persönlichkeitstyp – den Don Juan – als Versuch, auf der «ästhetischen Stufe des Lebens» zu verweilen. Der Ästhet nimmt der Welt gegenüber eine passive und voyeuristische Haltung ein – er meidet alle Entscheide, die einschränken könnten. Don Juan ist für jede Laune empfänglich und damit Sklave des Gefühlsmoments. Er verliebt sich leicht und verführt viele Frauen. Er ist fasziniert, aber niemals verpflichtet. Solange er sich vom Bereich der Moral fernzuhalten weiß – so lange kann er in einer Welt des romantischen Scheins verweilen. Wie ein ewiges Kind verlangt er nach flüchtigen Freuden, ohne einen Gedanken an die Zukunft zu verschwenden.

Unsere heutigen hedonistischen Helden haben die altmodische Sinnlichkeit des Don Juan längst hinter sich gelassen. Die Genußsüchtigen des Jet-Set-Zeitalters legen eine Konsumation von Vergnügungen an den Tag, wie sie im 19. Jahrhundert kaum anzutreffen war. In der Tat sind die einstigen Exzesse des Adels zur Massengewohnheit geworden. Sexuelle Varianten aller Schattierungen sind dem biederen Geschäftsmann mit Spesenkonto ebenso zugänglich wie dem berühmten Filmschaffenden. Marihuana, Kokain und Psychedelika – Wirkstoffe, die unsere Sinnlichkeit erhöhen – sind für viele zur dringend benötigten Droge geworden. Die Hohenpriester des Jugend- und Schönheitskults arbeiten in den Werbeagenturen unablässig an neuen Vorbildern, denen wir pflichtbewußt mittels Schminke, Diät und Kleidung nachzukommen suchen. Mit genügend großem Einkommen, Kosmetik und medizinischen Hilfsmitteln kann die Jagd nach Genuß und Vergnügen ein halbes hektisches Leben lang andauern. Ein Übermaß an Freizeit hat sich in kurzer Zeit zum Problem entwickelt.

Leute, die lebenslänglich auf der «Spielstufe» stehen bleiben, erkennen kaum jemals die Werte und Genüsse, die ihnen dadurch verlorengehen. Ihre Einfalt macht sie auch als Erwachsene gegenüber den

Freuden reifer Menschen blind. Ihr Blickfeld erfaßt nur die Oberfläche – sie beschäftigen sich mit Äußerlichkeiten und Trugbildern. Ihre Art zu lieben ist voyeuristischer Natur. Sie sind an die Illusion ewiger Jugend gebunden. Solche Hedonisten schützen sich mit ihrem Gespinst vordergründiger Freuden vor jeder Begegnung mit den tragischen Dimensionen des Lebens. Im Spiel des Lebens gelangen sie nie über die Sinneseindrücke hinaus – echt empfundene Regungen wie Zorn, Trauer, Freude oder Zufriedenheit und damit verbundene Erfüllung bleiben ihnen fremd. Wer seine innere Entwicklung auf dieser Stufe abgeschlossen hat, wird es kaum begreifen, daß es höhere und befriedigendere Werte gibt als Genuß und Erregung.

Sex als Spiel und Spaß

Leute auf der Spielstufe verstehen die Sexualität bloß als Spiel und Spaß. Der spielerische Geist der Kindheit ist hier der Kern jeder erotischen Begegnung. Im Lauf der Zeit hat die Kunst des sinnlichen und des sexuellen Spiels einen hohen Standard erreicht. Berühmte Philosophen der Erotik – die von den Autoren des Karma Sutra über Henry Miller bis zu Hugh Hefner reichen –, haben die Spielregeln geneu festgelegt.

Das Grundprinzip, wie sich die Mitspieler gegenüber Sex zu verhalten haben (und dies impliziert sowohl dessen schöne Seite als auch seinen Zerfall), beruht auf dem Streben nach größtmöglicher Sinneslust unter maximaler Ausschaltung seelischer Gefühle. Bloß auf Sinnlichkeit beruhender Sex umfaßt zumindest zwei hochqualifizierte, gut vorbereitete Spieler, deren Ziel es ist, Genuß zu vermitteln und Genuß zu erleben. Eine solche Partnerschaft kann deshalb als amoralisch bezeichnet werden, weil sie keine Verpflichtung oder tiefe Gefühle miteinbezieht, es sei denn, daß «Liebe» zur Erhöhung sexueller Empfindungen beitragen könne. Letzteres trifft etwa dann zu, wenn Ruben in seinem Buch «Alles, was Sie über Sex schon lange wissen wollten» sagt: «Sex mit Liebe ist besser als Sex ohne Liebe», oder wenn Comfort in *Freude am Sex* schreibt: «Qualitativ hochstehender Sex ist nur mit Liebe möglich.» In solchen Fällen ist die Liebe gerechtfertigt! Ziel des Spiels ist aber sofortiger Genuß – von tieferen Gefühlen ist dabei keine Rede. Playboys und Playgirls (man beachte die Nuance: Boys und Girls – *nicht* Männer und Frauen!) haben nach der in einschlägigen Hochglanzmagazinen zelebrierten Philosophie nur eine einzige Spielregel zu beachten: Was auch immer zwei (oder mehreren) Erwachsenen Freude bereitet, ist richtig. Wenn alle damit einverstanden sind, und es Genuß vermittelt –, tu es!

Das Problem bei der Ausdehnung dieses von Frohsinn und Spiel überlagerten Umgangs mit Sex besteht darin, daß sich das Ganze sehr rasch zum Zwang – ja zum Wettbewerb – wandelt. Unbeabsichtigt schufen die Befürworter damit ein Ungeheuer, eine neue Tyrannei, unerbittliche Spielregeln, die neue «coole»

Ethik und ein ganzes Set von Verhaltensweisen – gleichsam ein Styling – des Sexspiels. (Bereits Huizingas klassisches Werk *Homo ludens* hätte uns eine entsprechende Warnung sein können; auch dort trägt man sich mit der Absicht, Fröhlichkeit zu verkaufen, und endet beim Wettbewerb). Sportliches Leistungsprinzip hat den Eros abgelöst – Playboys und Playgirls sehen im Geschlechtsverkehr eine athletische Herausforderung. Das Liebesspiel ist zum Punktezählen verkommen: wer am meisten Orgasmen produziert, gewinnt. Und alle Beteiligten hoffen, sich wie ein «Profi» durchzusetzen. Jim Peterson, Berater der Szene im «Playboy»-Magazin, schreibt dazu: «Heute ist Sex außerhalb der Ehe erlaubt und bar aller ethischen Zusammenhänge. (Frage: Ist es richtig, was ich tue?) Die körperliche Vereinigung hat sich gewandelt. Sie ist zum Sport geworden, zu einer Aktivität mit selbstverständlichen Regeln. Die neuen Fragen lauten: Bin ich gut? Habe ich gewonnen? Bist du ‹gekommen›? Und die heutigen Ängste drehen sich um das Problem, alle Stellungen und Strategien zu kennen, um die entscheidenden Schlußminuten des Spiels zwanghaft, aber mit Bravour hinzulegen.» Eine weitere Schwierigkeit bildet die Tatsache, daß Playgirls und -boys wie die Göttinnen und Götter der griechischen Mythologie stets jung, schön und mit allen Vorzügen ausgestattet sind und weder Einschränkungen noch Scham oder Schuld kennen. Da in Wirklichkeit nur wenige Menschen diesen idealisierten Standard erreichen, leiden wir an einer neuen Form der Angst, die eher theatralische als moralische Züge aufweist.

Ein seltsames Schicksal erwartet die älteren Playboys und Playgirls! Wenn die Suche nach Vergnügen und Genuß zum Lebensinhalt wird, erweist sich die Befriedigung als stets unerreichbares Ziel. Der nächste Partner wird perfekt sein! Der nächste Orgasmus wird befriedigen!

Sex auf rein sinnlicher Basis führt am Paradoxon der Freude vorbei. Der Mensch umfaßt verschiedene Dimensionen; somit werden Genuß und Freude am intensivsten erlebt, wenn im Liebesspiel Körperempfinden (Gegenwart), Gefühl (Vergangenheit) und Intention (Zukunft) eine Einheit bilden. Wenn all diese Teile unseres Selbst zugelassen sind, empfinden wir alles als schöner. Mit anderen Worten: Wir sind an die Verknüpfung unseres Zeitempfindens gebunden. Wir fühlen uns dann am besten, wenn sich Vergangenheit, Gegenwart und Zukunft im Gleichgewicht befinden. Eine bloß sinnliche Begegnung versucht das Sexuelle allein im Hier und Heute festzuhalten – zu isolieren. Playboys und -girls stimulieren sich gegenseitig in zeitloser Gegenwart; sie fragen niemals nach der Zukunft. Das Leben reduziert sich auf eine Serie von «Eine-Nacht-Beziehungen», Episoden des Genusses und der Erregung. Der Moment ist in diesen Fällen alles. Wenn zwei Menschen aber aneinander Gefallen und entsprechende Befriedigung finden (wenn sie sich körperlich wirklich «kennen»), möchten sie dieses Glücksgefühl ein zweites und ein drittes Mal wiederholen (d.h. einander wieder-erkennen!). Erinnerungen solcher Art bewirken eine Vorfreude, die unsere Genußfähigkeit erhöht. Eine Reihe von befriedigenden Erlebnissen schafft ihre eigene Vergangenheit und Zukunft. Gefühle der Dankbarkeit und der Erwartung verbinden zwei Menschen – sie haben Gemeinsames. Eine befriedigende sexuelle Beziehung erweitert sich auf natürliche Weise vom körperlich-sinnlichen Erleben auf seelische Bereiche. Wir bereiteten uns gestern so viel Genuß und Freude, daß ich heute noch größeren Gefallen an dir finde und auch morgen mit dir zusammen sein möchte. Der Pfad der Freude führt uns vor die Tore des Königreichs der Macht.

Das Königreich der Macht

Die Landschaft

Nachdem wir das Flachland der Kindheit mit seinem unermeßlichen Horizonten durchwandert haben, gelangen wir in die grünen wellenförmigen Hügel und fruchtbaren Täler des Königreichs der Macht. Die Höhenlage verändert sich mit jedem Schritt – überall finden sich Zeichen dafür, daß das Land kultivierter und gepflegter wird. Ordentliche Einzäunungen unterteilen die Gewässer und das fruchtbare Land in einzelne Farmen. Schnurgerade Wege verbinden die verschiedenen Punkte miteinander. In den Städten erheben sich auf rechtwinkligen Parzellen quadratische Gebäudekomplexe, das Straßennetz ist säuberlich und perfekt. Die Besitzverhältnisse sind klar – Eigentum ist gesetzlich geschützt. Die schlimmsten Verbrechen sind jene, welche die Unverletzlichkeit des Besitzes bedrohen.

Die meisten Bürger dieses Königreiches sind arbeitsam und gesetzestreu. Hier gibt es eine eindeutig festgelegte soziale Hierarchie, die jedem seinen Platz in diesem Gefüge genau zuweist. Auch die jeweiligen Statussymbole sind klar. Jene, die eine höhere Stellung innerhalb der Hackordnung erreichen wollen, müssen fleißig und in hohem Maße wettbewerbsfähig sein. Die erfolgreichsten Bürger sind gut angepaßt Extravertierte – Leute, die «Verantwortung» übernehmen und nur geringe Selbstzweifel oder gar Zurückhaltung zeigen. Arbeit, Loyalität zu Familie und Nation, Gehorsam gegenüber Regierung und Kirche werden als höchste Tugend bewertet.

Aber trotz dieser Verlagerung des Schwerpunkts auf Gesetz und Ordnung scheint das Königreich der Macht eine beträchtliche Menge Gewalt hervorzubringen. Der heftige Wettbewerb unter den Mitbürgern hat eine abtrünnige Minderheit zur Folge, die anti-soziale Mittel einsetzt, um zu Macht und Prestige zu gelangen. Diese Gesetzlosen und Asozialen sind mit dem von der Gesellschaft erklärten Ziel des Machtbesitzes einverstanden, mißachten aber die entsprechend «höflichen» Mittel. Unter den Stämmen des Königreichs scheint ununterbrochen Bedrohung und Streit zu herrschen, und somit muß ein Großteil der Leistungskapazität für die Erfindung von «Verteidigungsmaßnahmen« gegen außenstehende Feinde abgezweigt werden. Um die jungen Bürger in ihrer Aggressionslust und Kampffähigkeit zu stärken und um überflüssige Gewalt abzuleiten – letztere ist bei Stämmen, die nicht gerade in Kriegshandlungen verwickelt sind, stets gefährlich –, veranstalten alle Städte sportliche Wettkämpfe, die immer Sieger und Gewinner hervorbringen.

Die – zumeist männlichen – Philosophen und Psychologen, die als weise erachtet werden, legen großen Wert auf die Entwicklung eines starken Ego, pragmatischer Intelligenz und einer realistischen Weltsicht. Gewöhnlich sehen sie im Willen, in der Vernunft und im Handeln den Mittelpunkt der menschlichen Persönlichkeit. Ihre typische Version der menschlichen Evolutionsgeschichte beruft sich auf die Territorialkämpfe unter den Affen, die einander mit Stöcken und Steinen zu Leibe rückten und so den ersten Schritt zur Erfindung der kunstvollen Geräte (Waffen) und Technologien taten, die dem Menschen – dem *Homo faber* – die Herrschaft über die Erde ermöglichten.

Ein vitales Machtgefühl: Berufung und viszerale Autorität

Ehe wir zu höheren Stufen des Bewußtseins vordringen, haben wir gemäß der tantrischen Vision unsere persönliche Macht und unsere eigenen Aggression zu beherrschen. Wir müssen uns in der Welt des Alltags innerer – viszeraler – Gewißheit und Berufung frei bewegen, ehe wir ungefährdet zu höheren Regionen aufbrechen können. Der Alltag bildet die Basis zum Aufstieg.

Ein eigentlicher Kraftquell befindet sich im Bereich der Eingeweide oder, in der Sprache des Tantra ausgedrückt, im Manipura-Chakra. Dieses Kraftzentrum ist im Umfeld des Nabels lokalisiert und steht mit Magen, Darm, Gallenblase, Leber, Nieren und Milz in Verbindung. Die in den östlichen Religionen entwickelten, auf spiritueller Basis beruhenden Körperdisziplinen – Tai Chi, Jiu Jitsu, Kung Fu, Aikido – lehren alle, daß wir in unseren Bewegungen und in unserem Handeln von diesem Zentrum des Instinkts ausgehen sollten.

Hara, Cho oder die Viszera (Eingeweide) bilden das Zentrum ganzheitlichen Lebens. Reife beginnt mit der Fähigkeit, zentriert und in instinktivem Wissen verwurzelt zu sein; Harmonie mit dem limbischen System, das hier – im Sinne der psychosomatischen Medizin – als *visceral brain* (Viszeralhirn) bezeichnet wird.

Ein der viszeralen Intelligenz entspringendes Gefühl persönlicher Macht (Kraft) ist animalisch – es verkörpert unsere instinktive Verbindung mit dem *élan vital*, der Urkraft des Seins, die das gesamte Leben durchflutet. Wir alle werden von einem tief im limbischen System liegenden Zentrum gesteuert, das über unsere Gemütsbewegungen mit dem Emotionszentrum im Bereich des Magens verbunden ist. In unserem Bauch finden sich alte und weise Regungen, die mit dem Instinkt des Wolfes in freier Wildbahn zu vergleichen sind. Wir werden von starken Instinkten so sicher geführt wie gewisse Zugvögel, die über Länder und Meere zu ihren angestammten Nistplätzen zurückfinden. Der Geruchssinn löst unsere Empfindungen aus, und unser limbisches System gebietet uns, der animalen Klugheit zu vertrauen. Unter der Oberfläche unserer erworbenen Bildung verbirgt sich das Tier – ruhig und gewiß, fähig, Wut zu entwickeln, für Nahrung Blut zu vergießen, die Jungtiere zu verteidigen und zu hüten, andere Umweltbedingungen abzuwarten. Wir streben danach, eine Herde zu bilden und jene Dinge zusammenzutragen, die wir für das Überleben benötigen.

Wenn wir mit diesem Zentrum in Verbindung stehen, verwenden wir unsere Kraft vermehrt *für* und *mit* unseren Artgenossen, weniger *gegen* unsere Mitmenschen. Der Mensch ist als Rudelwesen dann am gesündesten, wenn er seine Energie und seine geistige Potenz zur Schaffung von Gemeinschaftlichem statt zur Zerstörung und Eroberung einsetzt. Synergismus statt Eroberung, *Wir*-Kraft anstelle von *Ich*-Kraft bilden die Basis dieser Verbindung, in der jedes menschliche Wesen die größte Freiheit findet.

Da wir nur innerhalb eines kulturellen Zusammenhangs human sein können, müssen limbisches System und Cortex, Eingeweide und Berufung, Instinkt und Kreativität miteinander in Einklang stehen, falls wir die höchsten Möglichkeiten menschlichen Seins erreichen wollen.

Der natürliche Verlauf unserer psychologischen Entwicklung führt uns von der Sicherheit über die Freude und Kraft. Am Anfang unseres Lebensweges halten wir uns notwendigerweise an die Mutter – die Quelle unseres Überlebens. Nach und nach klammern wir uns weniger an diese Bezugsperson und beginnen, zu entdecken und mit der Welt zu spielen. Wenn wir groß genug sind, um die Schranken unseres Zuhauses zu überschreiten, lernen wir, um einen Platz an der Sonne zu kämpfen. Die offenbar unumgänglichen territorialen Sitten zwingen uns, einen Namen, eine Rolle, eine Position zu erlangen. Als Halbwüchsige werden wir Mitglied des Stammes und haben einen von der Gesellschaft als «wertvoll» erachteten Beruf zu ergreifen. Wir lernen, Vergnügen unterzuordnen, unsere Impulse in disziplinierte Bahnen zu leiten, und unsere Energie auf eine bestimmte Aufgabe zu konzentrieren.

Nur unbelehrbare Romantiker, die für alle Zeiten im Königreich des Spiels verweilen möchten, sehen in diesem Initiationsprozeß in die von Aggression und Arbeit geprägte Erwachsenenwelt eine «Vertreibung» aus dem Paradies. In der Tat nähern wir uns dem Erwachsensein über eine Art Liebesbeziehung zum Reifen und Ernsthaften: Wir empfinden es als aufregender und «erotischer», eine Aufgabe zu meistern und ein gewähltes Ziel zu erreichen, als weiterhin im unschuldigen, aber kraftlosen Zustand des Spielens und «Imitierens» zu verharren. Der mit der Entfaltung des Lebens sich verändernde Eros führt uns auf natürliche Art und Weise dazu, Macht auszuüben und einer Berufung zu folgen. Gute Arbeit und «erwachsene» Fähigkeiten bereiten uns Freude und Genuß. Unser Bewußtsein nimmt nicht aufgrund unseres Ausschlusses aus dem Königreich des Spiels zu, sondern weil wir nach Reife dürsten. Unsere DNS (Desoxyribonukleinsäure) verlangt nach Vollendung. Ein Mann oder eine Frau zu werden, ist keine Tragödie!

Perversionen der Macht: Die Welt als Arbeit und Kampf

Die eigentliche Tragik unseres Alltags beruht auf der Tatsache, daß die meisten heutigen Staatsbürger auf dieser Stufe der Entwicklung stehen bleiben und nichts höher einschätzen als die Macht, welche soziale Stellung, Arbeit und Kampf verleihen. Das Pathologische dieses Normalzustandes hält das Individuum an einer bestimmten Stelle innerhalb dieser Machthierarchie gefangen: entweder als Ausbeuter oder Ausgebeutete, als Tyrann oder passiven Mitläufer, als Sieger oder Besiegten, als Erfolgsmenschen oder Versager. Die sogenannten Workaholics – der amerikanische Begriff für Arbeitssüchtige –, die von der Gier nach Macht und einer Position besessen sind, dürfen als Karikaturen des Erwachsenenseins bezeichnet werden. Sie übertreiben die Tugend der Angriffsfreudigkeit so sehr, daß sie zum Laster wird.

Die westliche – insbesondere die amerikanische – Gesellschaft hat die Macht zum Idol erhoben und damit dem gesamten Sein ein maskulines Gepräge gegeben. Der leistungsfähige/potente Mann ist der ideale Mensch, und wir erwarten vom «normalen» Mann, daß er hart, unnachgiebig und schwer zu übertölpeln sei. Männlich sein, heißt, in jeder Situation die Kontrolle bewahren, im Konkurrenzkampf bestehen und zu Gewalt neigen. Unser dominantes «Männlichkeitsbild» zeigt das, was Karen Horney als neurotische Meisterung des Lebens bezeichnet. Der «richtige» Mann verweist alle anderen – insbesondere Frauen – auf einen subalternen Platz. Macht wird an der Zahl der Untergebenen gemessen. Der Top-Mann ist derjenige, der alle anderen sicher unter Kontrolle hält.

Auf der höchsten Stufe der Potenz und Macht-Hierarchie steht der Krieger; der Mann, der im Dienste der Macht zu Gewalt bereit ist. In der phallischen Welt angesiedelt, setzt er Gewalt dem Eros gleich. Wer geil nach Macht ist, kennt nur ein Ziel: die Nummer Eins zu sein. Somit ist die Welt des Kriegers ein einziges Schlachtfeld, ein einziger Machtkampf zwischen Schwachen und Starken, ein Wettstreit, der stets Sieger und Verlierer hervorbringt. Das Zuhause muß gegen Eindringlinge verteidigt werden. Die Menschen teilt man in Verbündete und Feinde ein – und der «Feind» lauert stets darauf, unsere Bastion zu erobern. Ununterbrochene Wachsamkeit – oder unablässige Paranoia – sind der Preis für die Freiheit. Und als Potenzbeweis gilt unsere Bereitschaft zu kämpfen. Krieger, die den Wert einer Sache nach der jeweiligen Machtansammlung bemessen (sei es die «persönliche Kraft» Castanedas oder die militärische Macht eines Landes), werden unbewußt von Impotenzangst gesteuert. Sie beanspruchen die Herrschaft, um nicht Gefahr zu laufen, unterliegen zu müssen; sie drängen anderen ihren Willen auf, weil sie ihre eigene Nachgiebigkeit verachten.

Der vereinfachte Weg, den Preis für die Machtbesessenheit zu begreifen, ist eine Umsetzung der kriegerischen Haltung und Weltsicht in physiologische Begriffe. Der Körper bereitet sich physiologisch auf Kampf oder Flucht vor, indem er die Därme entleert, die Muskeln zusammenzieht und den Atemrhythmus verändert. Jede Adrenalinausschüttung bewirkt eine Anspannung des analen Schließmuskels und des Zwerchfells. Betreten wir das Kampffeld, so «rüsten» wir uns. Unsere Haltung entspricht dem militärischen Vorbild: Schultern zurück, Brust raus, Bauch rein – dieselbe Haltung, die von Affen eingenommen wird, wenn sie einen Feind erschrecken wollen. Sobald wir vor der Entscheidung stehen, zu erobern oder selbst erobert zu werden, verhärtet sich unser Körper; er verliert seine geschmeidige, offene aufnahmebereite und entspannte Haltung – sinnliche Erfahrungen hingegen erfordern eine durchwärmte, entkrampfte Muskulatur.

Im Tierreich wird der Flucht- und Kampfmechanismus normalerweise ausgeschaltet, falls keine Gefahr droht. Die Männchen kämpfen nur um ihr Territorium, ihre Rangordnung oder um Nahrung. Kampf ist eine begrenzte Nebenbeschäftigung – eine Art Zeitvertreib. Wenn sich der Feind zurückzieht, entspannt sich das parasympathische System. Beim Menschen aber, der sich eine kriegerisch/kämpferische Weltsicht zu eigen gemacht hat, wird das «Verharren in der Bewaffnung» zum Dauerzustand: Muskeln und Nervensystem sind in steter Spannung und Bereitschaft. Die Fachsprache bezeichnet dies als «Streß». Erst kürzlich hat das medizinische Establishment diese Kampfhaltung als «Typ-A-Verhalten» charakterisiert und festgestellt, daß viele auf Konkurrenzkampf fixierte Persönlichkeiten Opfer sogenannter Streß-Krankheiten werden – dazu gehören insbesondere Magenleiden und Herzanfälle. Unsere zunehmenden Kenntnisse über die Psychologie der Aggression lassen eine moralisch-physische Verknüpfung erkennen: Auf des Siegers Seite stehen Streß, Krankheit und verkürzte Lebensspanne. «Den Sanftmütigen wird die Erde gehören» hört sich somit vermehrt als Tatsache, denn als pazifistisches Ideal an. Machthunger entkräftet den menschlichen Organismus. Wie Nietzsche sagte: «Es zahlt sich teuer, zur

Macht zu kommen: Die Macht verdummt...» (Götzen-Dämmerung: Was den Deutschen abgeht).

Samenkraft: Die Freude der Zeugung

Die Stufen des Eros führen nach und nach vom unschuldigen Spiel zur Zeugung. Wenn wir das Erwachsenenalter erreichen, geht die Suche nach Freude und Genuß normalerweise in jene Form der Sexualität über, welche die Zeugung zum Ziel hat. Die Freuden der Potenz sind sogar noch größer als jene des Spiels. Letzteres mag lustig sein – die Zeugung ist vollkommene Freude. Wir treten in einen neuen Lebensabschnitt ein, wenn wir die folgenden Fragen stellen: Was hat unsere gegenseitige Freude hervorgebracht? Was nimmt hier seinen Anfang – unsere Beziehung? Das Leben selbst? Wenn die sexuelle Partnerschaft nach Zeugung strebt, sind der männliche und der weibliche Körper nicht mehr bloße Sinnesinstrumente – sie finden ihren höchsten Genuß, ihre größte Freude in der Erfüllung dieses geheimnisvollen Ziels.

Wenn man sich dem Paradoxon der Freude vorbehaltlos hingibt, entdeckt man, wie sehr sich die auf Intention beruhenden Freuden in ihrer Intensität von jenen der bloßen Sinne unterscheiden. Ich habe zahlreiche Leute gebeten, ihr schönstes sexuelles Erlebnis zu beschreiben. In vielen Fällen war es jener Moment, in welchem man bereit war, ein gemeinsames Kind zu zeugen. Eine Frau erzählt: «Ich erinnere mich, wie ich eines Abends das Diaphragma entfernte und wir uns zu Beginn der Umarmung sagten, daß nun ‹der richtige Moment› gekommen sei.» Ein Mann beschrieb dieses Erlebnis wie folgt: «Ich kam aus der Sauna und war müde. Ich ging direkt ins Bett. Einige Stunden später schlüpfte meine Frau unter die Decke – wir waren beide augenblicklich erregt. Erst mitten im Liebesspiel erinnerten wir uns, daß meine Frau ihre ‹Pille› nicht genommen hatte. Da wir ohnehin bereit waren, ein weiteres Kind zu bekommen, ließen wir uns nicht weiter stören. Die geheimnisvolle Kraft und die Freude, die wir beide verspürten, läßt sich nicht beschreiben; im Moment des Orgasmus wußten wir, daß wir ein Kind gezeugt hatten. Ich spürte geradezu, wie sich meine Samenzelle mit ihrem Ei verband... Nachher lagen wir lange Zeit ganz ruhig beieinander. Es war, als ob ein Sturm über uns hinweggefegt sei... unser Sohn ist heute 19 Jahre alt, und ich erinnere mich noch immer an diesen Augenblick.»

Im Grunde genommen ist die Freude an der Sexualität der natürliche Weg zur Erhaltung der Spezies. Eros sorgt dafür, daß die Menschheitsgeschichte ihren Lauf nimmt – Leidenschaft ist einer der Tricks, die dazu führen, daß das Experiment mit der menschlichen Evolution weitergeht. Jedem sexuellen Akt wohnt ein biologischer Auftrag inne. Auf der ursprünglichen Stufe ist der Orgasmus ein Werkzeug der Vermehrung und nicht der Lust. In der Sexualität bestimmen die Gene und die Chromosomen den weiteren Verlauf der

Geschichte. Die Lust ist der Beweis dafür, daß unsere Körper im Begriff sind, ein Königreich zu errichten, das über das Zeitliche hinausgeht.

Sexuelle Liebe ist eine vielgestaltige Kraft, die sich stets wandelt, solange wir den siebenstufigen Berg erklimmen. Aber sie wird zu Perversion und Illusion, falls wir ihren intuitiven Gehalt vergessen. Die Trennung zwischen Sexualität und Zeugung ist eines der schwerwiegendsten erotischen Krankheitsbilder unserer Zeit. Es trennt uns von der «sichtbarsten» Form aller Hoffnung – einem Kind... und vor der erstaunlichen, aber beruhigenden Erkenntnis, daß das Ziel unseres Lebens unbestimmt ist. Unsere größte Freude und die Fruchtbarkeit sind nicht zu trennen – die unerschütterlichste Sicherheit liegt in dem Wissen um unsere Verbundenheit im Universum des Werdenden. Eine Kraft führt uns, deren Größe wir nicht ermessen können.

Sexualität als Arbeit und Kampf: Herrschaft und Gefecht in den erogenen Zonen

Bei jenen Menschen, die sich für immer im Königreich der Macht niederlassen, besteht die Gefahr, daß die nach Zeugung strebende Sexualität sich in Arbeit oder in Kampf wandelt. Produktion und Wettbewerb verdrängen alles andere – an die Stelle der sexuellen

Freude oder der schöpferischen Kraft tritt der Potenzbeweis.

Viele der heutigen Handbücher über Sex scheinen von Genital-Ingenieuren verfaßt zu sein, die das Problem sexueller Befriedigung als mechanische Angelegenheit betrachten, dem man mit besseren Techniken zu begegnen weiß. Man ziehe einmal folgende Zeilen in Erwägung, wie sie im *Handbuch über psychosexuelle Integration* zu finden sind:

> *Die bioelektrische Beschaffenheit des Orgasmus*
>
> *Aufeinander abgestimmte Bewegungen mit vollständigem Genitalkontakt aktivieren einen sexuellen Kreislauf von bioelektrischer Beschaffenheit. Das Oszillieren der Auf- und Abwärtsbewegung erzeugt ein Energiefeld; letzteres baut bei jedem Individuum einen Orgasmus auf und bewirkt zwischen den Partnern eine Zündung. Bleibt die Bewegung konstant, so nimmt das Energiefeld an Volumen und Dichte zu, bis es die Kapazität des doppelten Individual-Potentials erreicht und unwillkürlich zur Klimax führt; automatisch wird ein gleichzeitiger Orgasmus ausgelöst.*

In dieser absolut entmenschlichten Art der Luststeigerung gibt es offenbar nur ein Problem, nämlich die Frage, wie zwei unterschiedliche biologische Systeme mit ungleichen Erregungsquoten miteinander zu koordinieren sind, damit sie die Klimax gleichzeitig erreichen. Auf dieser Orgasmusjagd sind folgende Daten ausschlaggebend: Größe der Geschlechtsorgane, Gleitfähigkeit, Geschwindigkeit, Reibung, Einschubwinkel, Erregungsstufen, Tiefe des Eindringens. Wenn diese Punkte übereinstimmen, ist das Problem gelöst.

Es dürfte wohl kaum überraschen, daß in einer Technologie-Gesellschaft sogar die Zärtlichkeit programmiert wird. Eine verquere Techno-Logik hat das Natürliche zum Unnatürlichen gemacht. Sex wurde zur Arbeit. Um das richtige «Endziel» zu erlangen (d.h. die für Gesundheit und Befriedigung benötigte Anzahl Orgasmen), müssen wir die richtigen Methoden einsetzen. Wo uns früher der Instinkt führte, halten wir uns heute an das Normenbuch. Altmodische religiös geprägte sittliche Standpunkte nehmen sich neben den heutigen «Dogmen» geradezu freizügig aus. Die traditionellen Tabus erlaubten jede Form sexuellen Verkehrs, außer den spezifisch verbotenen Praktiken. Die heutigen Genital-Experten erklären Sex zur Pflichtübung und schreiben uns die jeweiligen Techniken vor. Keuschheit ist nun verboten oder gilt zumindest als verdächtig. Einst waren wir verdammt, wenn wir es taten – heute ist es genau umgekehrt!

Die andere weitverbreitete Pervertierung des Sexuallebens unter den Machtbesessenen ist Liebe in Form höflicher Kriegsführung – eine Art blumenreicher Strategie, Erotik als getarntes Kampffeld. Auch hier bringen die einschlägigen Sex-Handbücher die Sache klar zum Ausdruck: sie strotzen von militärischen Ausdrücken und Eroberungsmetaphern. Man nehme beispielsweise *Sex und der ledige Mann* von Stanley Ellis. Der Autor rät den Männern, die Eigenarten einer Frau, die sie zu gewinnen hoffen, genau zu studieren und eine Strategie zu entwickeln, um sie ins Bett zu kriegen. Zunächst gilt es, gewisse gefährliche Illusionen aus dem Weg zu räumen, die der Verführung hinderlich sind. Ellis erklärt freimütig: «Du bist nicht hier, um etwas Wunderbares in deinem Leben zu verrichten, anderen eine große Hilfe zu sein oder den Lauf der Welt zu ändern – du bist in erster Linei hier, um dich – wie immer es dir am meisten zusagt – zu amüsieren.» Mit diesem selbstsüchtigen Ziel vor Augen erfahren wir nun, wie man den Widerstand bricht. Auch hier weist die Sprache einen gewissen militärischen – d.h. strategischen – Unterton auf:

> *Gleite mit deiner Hand von unten oder von oben unter ihren Büstenhalter, ohne letzteren wirklich zu entfernen. Auch der Genitalbereich eines Mädchens ist erreichbar, ohne daß Rock, Hose oder Slip unbedingt ausgezogen werden müssen. In der Tat, falls du darauf dringst, an ihre Brüste oder Genitalien zu gelangen, indem du sie vollständig entkleidest, wirst du in den meisten Fällen deine amourösen Pläne selbst vereiteln: Sie wird dich an einem «Weitergehen» hindern – und dabei bleibt's! Wenn du aber an ihre erogenen Zonen kommst, während sie noch mehr oder weniger angezogen ist, werden deine massierenden Liebkosungen und deine Küsse echte Erregung auslösen. Dann wird sie dir keinen Widerstand entgegensetzen und sich vollständig entkleiden lassen – oder dies sogar selber tun.*

Die Ansicht, Sex als Kampf und Eroberung zu verstehen, war bis vor kurzem mehr bei den Männern als bei den Frauen zu finden. Aber in den letzten Jahren hat auch der weibliche Teil unserer Spezies das Recht auf «Angriff» für sich geltend gemacht, womit der Kampf zwischen den Geschlechtern eskalierte. In ihrem Buch *Sex und das ledige Mädchen* erteilt Helen Gurley Brown den Kämpferinnen Ratschläge. Für den weiblichen Single ist die Heirat «bloß eine Versicherung für die *miesesten* Jahre». Männer sind Lämmer,

Krit.

die «geschoren» werden – aber das smarte Girl weiß viele von ihnen auf Draht zu halten, um die eigenen Bedürfnisse abzudecken.

Für einen Single ist es schwieriger, Männer großmütig und selbstlos zu lieben. Schließlich sind sie der Feind! Ein freundliches Lächeln von dir, und sie glauben, du stehst auf sie. Es stimmt, daß du für eine gewisse Zeit zurückhaltend sein mußt – aber dann hören die Männer auf, argwöhnisch zu sein, und du kannst sie als Söhne und Liebhaber kapern.

Das erfolgreiche Single-Girl (merke: niemals «Frau») hat ihr gesamtes Leben als Strategie auszubauen, um den Mann (oder die Männer) einzufangen, den (die) sie haben will. Sexy zu sein, ist die größte Waffe einer Frau, und «in jeder Kultur weiß sich die Kluge so zu geben, wie es ihrer Kundschaft gefällt». Sexy sein, heißt «entzückend» sein. Und

ein «entzückendes» weibliches Wesen hat die Antenne jederzeit ausgefahren. Sensitiv, wie mit einem Radar, erspürt es, was sein – männliches – Gegenüber hören will, und sagt dies. Es nimmt auch wahr, was es nicht hören will, und hält sich entsprechend zurück.

»Entzückende» Leute (ebenso Paranoide) *denken stets voraus*.

Die Autoren Ellis und Brown sind deshalb bemerkenswert, weil sie drastisch jene Einstellung zur Sexualität aufzeigen, die allgemein mit Charme, Stil und den «normalen» Rollen von Männern und Frauen bemäntelt wird. In einer auf Wettbewerb eingestellten Gesellschaft wird Sex zur Eroberung und Unterjochung. Die

Männer zücken den «Kolben», und die Frauen legen den «Köder» aus: Unter der Oberfläche schwelt der Krieg zwischen den Geschlechtern. Der männliche Teil strebt nach persönlicher Machtausübung – nach Potenz. Der weibliche Teil eignet sich List und Strategien an, um unter der Maske des femininen, sanften, nachgiebigen Wesens manipulieren und steuern zu können.

Die meisten Menschen erachten diesen Kampf als durchaus anständige Angelegenheit, die zudem noch Spaß macht. Löwe und Lamm legen sich friedlich zueinander – zumindest für eine Weile –, und gelegentlich findet sogar die Liebe den Weg aufs Schlachtfeld. Wie in den mittelalterlichen Feldzügen werden nach Beendigung der Feindseligkeiten Feste gefeiert. Für einige sind die von unablässigem Argwohn und Konkurrenzkampf genährten Ungerechtigkeiten zu groß – der Graben zwischen Mann und Frau wird immer breiter, bis er nur noch mit Gewalt überbrückt werden kann. Für den Mann, der alle Frauen als Feind empfindet, wird die Vergewaltigung zum einzigen Mittel, um gleichzeitig seinen Haß und seinem Verlangen Ausdruck zu verleihen. Die Frau aber, die Sex als Kampf empfindet, den sie keinesfalls verlieren darf, wird durch Vergewaltigungs-*Phantasie* aller Verantwortung und Schuld für ihr Unterliegen enthoben – sie kann sich einer Übermacht unterwerfen. Die Phantasie, gegen den eigenen Willen «genommen» zu werden, erlaubt der aggressiven Frau, die Lust, zu unterliegen, zu genießen (siehe hierzu: Nancy Friday, *Die sexuellen Phantasien der Frauen*).

Menschen, die sich im Kampf der Geschlechter arge Wunden zugezogen haben, empfinden Sex nur noch dann als erregend, falls ein gewisses Quantum Gewalt mit im Spiel ist. Untersuchungen zufolge scheint Pornographie am meisten jene anzusprechen, die ihre eigene Sexualität reichlich mit Gewalt vermengen. Für den Krieger bildet Blut das wahre Aphrodisiakum. Wie Hemingway im *Tod am Nachmittag* schrieb, scheinen Blut und Todesnähe die gesättigte Libido erneut zu aktivieren.

Wir haben nun die höheren Regionen des Reiches der Macht erklommen und nähern uns der Grenze zum Reich des Herzens. Ehe wir das Reich der Macht hinter uns lassen, gilt es, ein Bild für die synergistische Verbindung von Liebe und Macht aufzuzeigen. D.H. Lawrence, der darauf bestand, daß das Fleisch vernünftiger sei als der Intellekt und daß die Sexualität dann am besten erfahren würde, wenn sie sich noch nicht allzusehr von den Instinkten entfernt hat, bietet uns ein denkwürdiges Bild erotischer Kraft. Zwei sich Liebende, die ihre individuelle Stärken in ihre Partnerschaft einbringen, sind wie Falken, die sich in der Luft paaren: beide werden von ihren eigenen Flügeln getragen. Sie vereinigen sich für einen kurzen Augenblick und kehren dann in die Abgeschiedenheit zurück. Bestenfalls macht uns die Vision der Macht zu autonomen Individuen. Fritz Perls Gestalt-Gebet bringt dies in seiner Gestalt-Therpie wie folgt zum Ausdruck:

Ich tue meine Sache. Du tust die deine.
Ich bin nicht auf dieser Welt, um deinen
Erwartungen zu entsprechen.

Du bist nicht auf dieser Welt, um meinen
Erwartungen nachzukommen.
Wenn wir übereinstimmen, ist dies schön.
Wenn nicht – so ist es nicht zu ändern.

Die Menschen sind für sich allein, aber gleichwertig. Solange wir im Macht-Spiel verharren, können wir höchstens dann zusammenkommen, wenn wir unabhängig, stark und mächtig sind. Jene Macht, die unsere Sicherheit garantiert, sorgt zugleich dafür, daß wir mitten in einer uns fremden Welt in einer Zitadelle eingeschlossen bleiben.

Das Königreich des Herzens

Die Landschaft

Das sanfte Hügelgelände, wo die meisten «normalen» Menschen leben – und einen gewissen Reifegrad erreichen –, wird von jähen Gebirgszügen überragt. Tausend einzelne Wege führen nach oben. Folgt man einem dieser Pfade, so trifft man auf einsame Behausungen, Landsitze, Gemeinden und kleine Ansammlungen einfacher Heimstätten. Jedes dieser Häuser vermittelt den Eindruck, als ob es von Hand verfertigt und sorgfältig inmitten von Fels und Bäumen eingebettet worden wäre. Vom dreistöckigen Gebäude über das Landhaus bis zum kleinen Schloß ist hier alles zu finden. Unzählige Wege verbinden die einzelnen Wohnstätten. Von jenem ausgerichteten Straßen- und Kommunikationssystem, das die Bürger im Königreich der Macht zur organisierten Masse verknüpft, ist weit und breit nichts zu sehen.

Im ersten Augenblick scheint es überhaupt kein *Königreich* des Herzens zu geben. Nirgends sind offensichtliche politische Hierarchien oder Statussymbole zu entdecken. Das unebene, zerklüftete Gelände setzt der Größe der einzelnen Gemeinden, die in einer geschützten Talmulde oder auf einem kleinen Flußdelta entstanden, ohnehin Grenzen. Einsamkeit fördert die Anarchie. Jeder Einzelne, jedes Paar und jede Sippe scheint die zur Kanalisierung der Leidenschaft nötige Disziplin zu entwickeln. Aber gewisse ungeschriebene Gesetze der Gemeinschaft – ein nahezu mystisches Zusammengehörigkeitsgefühl – verbindet die Bürger untereinander. Im ganzen Königreich gelten Gastfreundschaft und kooperatives Verhalten als selbstverständlich. Jeder Reisende ist in jedem Haus willkommen, und Fremde sind stets gern gesehene Gäste, die drollige Geschichten und Informationen mitbringen.

Im Königreich des Herzens scheint man die Einwohner in zwei Kategorien einteilen zu können: in Romantiker und Führernaturen. Die Romantiker widmen sich – die einen mit mehr, die andern mit weniger Hingabe – einer persönlichen Leidenschaft: einer Liebesaffäre, einer Idee, einem bestimmten Anlaß, Kunst, Religion, Poesie, Gartenbau oder sogar der Atomphysik. Die Führernaturen (die gelegentlich als Bodhisattvas oder Hüter bezeichnet werden) sind erfahrene Kletterer, die von höheren Reichen zurückgekehrt sind. Sie widmen sich nun aus Mitgefühl all jenen, die den Gipfel zu erreichen trachten, indem sie ihnen die Grundsätze des Kletterns beibringen und sie begleiten.

Die angesehensten Philosophen dieses Königreiches erwecken oft einen etwas naiven Eindruck. Sie denken mit dem Herzen und schätzen Gefühl und Leidenschaft höher ein als Logik. Häufig hört man Zitate alter und neuer Meister: «Das Herz kennt Gründe, die dem Geist unbekannt sind», «Wenn es gut tut, tue es», «Make love, not war».

Im Königreich des Herzens herrscht nicht der normale, in Minuten und Stunden eingeteilte Tagesrhythmus: Die Menschen handeln impulsiv, entscheiden intuitiv von einer Sekunde zur andern und weigern sich, zu arbeiten, zu essen, zu lieben oder zu schlafen, eh hierzu «der richtige Moment» gekommen ist. Überraschenderweise scheinen in dieser utopischen Atmosphäre jedoch sowohl die Romantiker als auch die Führernaturen mit allen lebensnotwendigen Dingen gut versorgt zu sein.

Leidenschaftliches Bewußtsein: Von Herzenskraft durchdrungener Geist

Besitz, Lust, Macht – diese drei Lebenshaltungen sind allen territorial orientierten Tieren gemeinsam. Die allein dem Menschen vorbehaltenen Möglichkeiten beginnen mit der Entwicklung von Vorstellungskraft und Mitgefühl, oder, wie dies die christliche und die tantrische Philosophie ausdrücken: mit der Öffnung des Herzens – des Anahata-Chakra.

Mit der Evolution des Bewußtseins wurde der Eros von der biologischen Fessel befreit, um komplexer und bedeutungsvoller zu werden; die Sexualität des Menschen blieb nicht mehr auf die Zeit der Brunst beschränkt. Erst jetzt gelang der Durchbruch von der Sklaverei zum Instinkt. Anstelle der dumpfen, von Zustandsbildern bestimmten Paarung ergab sich die Möglichkeit der freien Wahl. Diese Fähigkeit zur freiwilligen Sexualität ließ das Element des Romantischen entstehen, was wiederum zu einer Veränderung des menschlichen Bewußtseins führte. Die Vorstellungskraft entstand mit der Liebe, als erstmals ein Mann eine ganz bestimmte Frau (oder umgekehrt) wählte. Das romantische Element und die Symbolik traten gleichzeitig in Erscheinung, als ein unbekannter Adam unter unzähligen weiblichen Wesen mit gleichen biologischen Anlagen eine einzelne Eva begehrenswerter als alle anderen fand. Die Liebe – und dadurch unterscheidet sie sich von der Lust – läßt uns ein Einzelwesen mit einer Unmenge Eros ausstatten. Mit der Liebe hat die menschliche Spezies auch die Fähigkeit entdeckt, den Dingen – oder den Mitmenschen – Sinn und Werte zuzuschreiben. Wie Whitehead bemerkte, bildet der Begriff «Bedeutung» den ersten Schritt zu einer Hierarchie der Werte und damit zu einer metapyhischen Weltsicht. Die Evolution brachte ein Wesen hervor, das die Freiheit besaß, über das Tier hinauszuwachsen. Als die Vorstellungskraft romantische Gefühle ermöglichte, befreite sich der menschliche Geist von den Fesseln des Zwanges. Ein neues Abenteuer nahm seinen Anfang: Die Zukunft der Menschheit wurde von nun an weitgehend von jenen Bildern, Träumen und Visionen bestimmt, die der Mensch zu lieben sich entschloß. Indem wir unsere Energie und unseren Willen auf die Vorstellungskraft – d.h. auf unsere Vision – lenken, führen wir deren Verwirklichung herbei. Ein Volk verliebt sich in den Gedanken vom individuellen Recht und bringt auf diese Weise eine Demokratie hervor – ein anderes befaßt sich mit der Idee vom Geben und Nehmen nach Fähigkeit und

Bedürfnis, was die Geburt einer Volksrepublik zur Folge hat. In die Geschichte der Menschheit sind die Abenteuer des Bewußtseins eingeflochten. An diesem Prozeß der Bewußtseinsevolution maßgebend beteiligt, sind wir an einem Punkt angelangt, wo wir vom Gesetz der Freiheit – was gleichzeitig auch das Gesetz der Liebe ist – bestimmt werden: Unsere Zukunft wird so aussehen, wie das, was wir lieben. Mit anderen Worten: Dem Vorhaben folgt Energie: Oder Eros «formt» den Verlauf der Dinge; das Bewußtsein wird von seinen Wünschen in Gang gebracht; «die Welt» (so wie wir sie erkennen) entspricht gleichsam einer Liebesbeziehung.

Wenn wir von der Evolutionsgeschichte des menschlichen Bewußtseins zur psychologischen Entwicklung des Individuums übergehen, so stoßen wir auf denselben Quantensprung, sobald sich das Einzelwesen verliebt. Auf unserer Reise durch die ersten drei Königreiche entdeckten wir, daß sich alles stets um das eigene Ich dreht. Ich will besitzen. Ich will genießen. Ich will Macht ausüben. Ganz am Anfang ist das Individuum notwendigerweise ichbezogen. Wir müssen zuerst ein Ego entwickeln, ehe wir darüber hinausgehen können. Das Bewußtsein hat zunächst tief in die absolute Individualität und in die Illusion unbegrenzter Selbständigkeit einzudringen – erst dann ist die Abkehr vom Ego möglich. Die psychische Wandlung nimmt in dem Augenblick ihren Anfang, wo dem Individuum etwas anderes wichtiger wird als seine Sicherheit, seine Lust oder sein Machtgefühl. Liebe entthront das Ego. Sich verlieben, heißt sich jenem Übergangsritual unterziehen, das uns eine neue Welt eröffnet. Alles ändert sich, wenn die Zitadelle des Egoismus durchbrochen wird und sich unser Eros einem anderen zuwendet. Die Transformation nimmt ihren Anfang. Wir erklimmen Stufe um Stufe – ein Weg, der uns bis ans Ende unseres Lebens in seinen Bann zieht: Wir gelangen vom Ich zum Du, von der Isolation zur Gemeinschaft, von der Abwehr zum Mitgefühl, vom Pfad des Kämpfers zum Pfad des Liebenden.

Die Öffnung des Herzens impliziert nicht in jedem Fall einen anderen Menschen. Wir können unsere Liebe einer Idee, einem bestimmten Anlaß, einem Ort oder einer Kunst zuwenden. Der Durchbruch beruht stets auf einem Übergang des Eros vom Ich zum Andern – oft geschieht dies ohne «Geschlechtsverkehr» im Sinne des Wortes. Willy Unsold, ein Mitglied der amerikanischen Mount-Everest-Expedition, beschreibt dies wie folgt:

> *Ich rastete auf einem Gebirgspaß mit Ausblick auf den Everest. Als ich mich von dem überwältigenden Panorama abwandte, entdeckte ich im Schnee eine kleine blaue Blume. Zeit und Raum schienen zu verschmelzen – alles wurde eins. Ich weiß nicht, wie lange dieses Erlebnis dauerte. Irgendwie schien mir alles verändert. Ich begriff nicht, wie mir geschah. Jahrelang kehrte ich in die Einsamkeit der Berge zurück und suchte diesen Moment des Wunderbaren zu ergründen.*

Für einige verwandelt sich eine blaue Blume zum lebendigen Symbol des Transzendentalen. Andere wiederum sehen «die Ewigkeit in einem Körnchen Sand» oder in einem Kunstwerk. Oder der Sinn des Lebens wird durchschaubar, wenn wir uns mit dem Leben Jesu oder Buddhas beschäftigen. Ich kannte einst eine Frau, deren Gefühle und Zärtlichkeit seit zwölf Jahren erkaltet, ja eingefroren waren. Dies änderte sich mit dem Besuch bei einer Encounter-Gruppe. Auf dem Nachhauseweg geriet sie zufällg in eine Straße, wo ein Supermarkt eröffnet wurde. Eine der Attraktionen dieses Anlasses war ein lebendes Märchenbild, zu dem auch ein Mann mit einer großen weißen Ente gehörte. Die Frau verliebte sich augenblicklich – und völlig irrational – in diese Ente. Sie wollte das Tier kaufen, erhielt aber abschlägigen Bescheid. Sie ging nach Hause und schrieb Gedichte und Lieder, die sie der Ente widmete. Erst einige Wochen später, nachdem sie sich über ihre Einsamkeit und ihre Sehnsucht nach einem Liebhaber klar geworden war, schwand ihre Leidenschaft für die Ente.

Zumeist aber öffnet sich das Tor zur metaphysischen Welt erstmals dann, wenn zwischen einem Mann und einer Frau der Funke überspringt. Ob es sich um das alltägliche Wunder der ersten Liebe oder um eine Leidenschaft im Stil von Abälard und Heloise handelt: Beide unterscheiden sich in ihrer Philosophie deutlich von den bisher beschriebenen Weltanschauungen.

Die Suche nach der einen großen Liebe

Sexuelle Revolutionen – und damit Moden – kommen und gehen. Eines aber bleibt: die Sehnsucht nach der einen großen Liebe. Unser größter Mythos beruht auf der Annahme, daß 1 + 1 stets aufgeht: die Liebe löst jedes Problem. Die Filmindustrie hat schon lange entdeckt, daß der Markt für Herzen, Blumen und Happy Ends nie gesättigt ist. Während der letzten Jahre sind mir im Rahmen von Gruppenarbeiten tausend intime Bekenntnisse zu Gehör gekommen, in denen sowohl ganz jungen Menschen als auch Veteranen der sexuellen Revolution ihrer unausrottbaren Sehnsucht nach einer dauernden echten Liebesbeziehung Ausdruck verliehen. Die Hoffnung ist stets stärker als die Erfahrung. Die archetypische Liebesgeschichte findet sich noch heute in den meisten Seelen quicklebendig. Es scheint mir wichtig, zu begreifen, warum dies trotz Enttäuschungen und Scheidung nach wie vor so ist. Woraus besteht jenes Phänomen, das wir «sich verlieben» nennen?

Liebe geschieht ohne unser Zutun. Eines Abends entdeckt man am anderen Ende eines überfüllten Raumes einen unbekannten Menschen. Vom ersten Moment an werden wir von etwas angezogen, das stärker ist als wir. Wir verlieren unsere Selbstkontrolle. Maß, Verantwortungsgefühl – all die Tugenden des normalen Erwachsenenlebens – werden von Leidenschaft weggefegt. Ein süßer Zwang wirft uns aus dem Alltagsgeleise. Dionysos macht uns trunken und blind – wir geraten in eine Art Ekstase. Wir sind im Sinne des Wortes «außer uns» – außerhalb des üblichen Ego.

Liebe zieht in ihren Bann: «Ich sehe nur noch dich!» Liebende stellen sich gegenseitig in den Brennpunkt ihres Eros. Sie sehen die Welt nur noch aus dem Blickwinkel ihres Liebesverhältnisses.

Liebe erfüllt mit Lebenszweck. «Du bist das Licht meines Lebens, du gibst mir Hoffnung, um weiterzumachen!» Der Glanz in den Augen der Liebenden ist wie eine Vorstufe der Erleuchtung.

Liebe zerstört die Isolation. «Nun bin ich nicht mehr mit meiner Sehnsucht im Herzen allein.» Die Einsamkeit hat ein Ende: *Wir* schreiten gemeinsam durchs Leben.

Liebe ruft zur Verehrung auf. «Ich bete dich an, meine Einzige, Wunderbare – ich lebe nur für dich!» Ich verehre den Boden, auf dem sie geht; ich fühle mich geehrt, daß mir dieses herrliche Wesen seine Liebe schenkt.

Liebe macht opferfreudig. «Ich würde gerne ein Leben lang nur für dich dasein. Alles, was ich besitze, gehört dir...»

Liebe heißt unkritisch akzeptieren: «In seinen Augen ist sie unfehlbar...» Als ich meinen Vater fragte, wie sich dies wohl äußern würde, wenn ich mich dereinst verliebe, antwortete er: «Falls die Königin von Saba vorbeischreitet und du jemand anders liebst, wirst du bloß feststellen, daß die Königin große Füße hat.»

Liebe währt ewiglich. «Bis daß der Tod uns scheidet.» Für immer. Wir trennen uns nie.

Liebe schließt andere aus. «Du allein – du bist mein ein und alles.» Plötzlich inkarniert sich hier der Inbegriff aller männlichen oder weiblichen Qualitäten! Nach jahrelangen vergleichenden und konditionierten Beziehungen verliebe ich mich und investiere meinen gesamten Eros in eine Beatrice, die mich ins Paradies zu führen verspricht.

Liebe macht glücklich. Der typische Liebesroman endet mit dem Satz: «Und sie lebten glücklich bis an ihr Ende.»

Die klassische romantische Mythe gipfelt in dem glücklichen Paar, das im glutroten Licht der Abendsonne einer gemeinsamen Zukunft entgegenschreitet. Solche Bilder sind offenbar nötig, weil das kleinste Körnchen Realismus die ganze Illusion zerstören würde. In der Tat hat die sogenannte romantische Liebe eine Halbwertzeit von ca. 90 Tagen. Bei hellem Licht und aus der Nähe betrachtet, beginnt die Illusion zu verblassen. Der Traum endet ebenso rasch, wie er begonnen hat. Der Gentleman wird zum Chauvinist; der strahlende Ritter ist in Tat und Wahrheit nur an Waffen und Eroberung interessiert. Das hübsche Mädchen erweist sich als berechnende Jungfrau, die ihre Keuschheit geschickt zu wahren und in ihrem Blumenherzchen die Herrschsucht zu verbergen weiß. Möglicherweise sind aber beide Partner Romantik-Freaks, die sich alle drei Monate neu verlieben müssen, um sowohl echte Vertraulichkeit als auch die Gefahr von Einsamkeit zu vermeiden. Oder sie heiraten und entdecken, daß es Jahre des Ringens und der gegenseitigen Achtung erfordert, ehe die Fassade durchbrochen und das konditionierte Spiel zugunsten einer echten Intimität aufgegeben werden kann.

Im Reich des Herzens findet beides – Romantik und Desillusionierung – statt, weil der Aufstieg zur höchsten Form der Liebe ein ununterbrochenes gegensätzliches Hin- und Herbewegen zwischen Illusion und Desillusion bedeutet. Die fähigsten Liebhaber(innen) sind jene, die am wenigsten Illusionen mit sich herumtragen und sich an den einfachsten Realitäten erfreuen können. Und wie in jeder Kunst findet auch in der Kunst der Liebe jener die wahrhaftigste Ordnung, der zu übertreiben wagt. «Der Pfad des Übermaßes führt zum Palast der Weisheit.» Wir erstarken nur, wenn wir geben und das Risiko eingehen, uns in der Liebe zu verlieren. Tausendmal irren wir uns, lieben zu stark oder zu wenig, zu früh oder zu spät, mit zuviel Eitelkeit oder falschen Erwartungen, wenden uns dem falschen Individuum oder der falschen Sache zu. Wenn wir aber aus unseren Desillusionierungen etwas lernen, zeigt es sich, daß der gewundene Weg am schnellsten zum Gipfel führt. Ehe wir hinter die attraktive oder trügerische Fassade der Liebesromanze schauen, um festzustellen, wie uns die Enttäuschung auf unsere Reise zu höher gelegenen Reichen vorbereitet, wollen wir sehen, was mit jenen geschieht, die sich um keinen Preis ihre Illusionen nehmen lassen wollen.

Unheilbare Romantiker: Sentimentalität und die Liebe zum Trugbild

Im Königreich des Herzens gibt es zwei Formen der Perversion: Sentimentales Verhalten und die Sucht nach Romantik.

Für die Sentimentalen löst die Liebe jedes Problem. Sie glauben fest daran, daß es keine Probleme gäbe, würden wir alle positiv denken und negative Gefühle vermeiden. Diese «gesund» denkenden Optimisten beharren auf dem Standpunkt, daß wir uns auf der Sonnenseite des Lebens befinden: In ihrem innersten Wesen ist die Welt nahezu perfekt, wenn wir die mutmaßlichen Unvollkommenheiten nicht zur Kenntnis nehmen, verschwinden sie von selbst. Für den Sentimentalen sind das Böse und das Leiden nur Illusion: maya. Die «richtige» Welt wird von der Liebe regiert. Aus diesem Grund sollten wir Konflikte und Kämpfe ignorieren und uns über das Böse hinausheben. Eine Krebskranke, die sich an dieses Weltbild hält, sagte mir kürzlich: «Wenn mich jemand ärgert, versuche ich, ihn so zu sehen, wie er in seiner Vollkommenheit aussieht.»

Sentimentalität fordert einen hohen Preis. Der Mensch lebt nicht von der Liebe allein. Wenn wir in der besten aller möglichen Welten zuhause wären und falls es zwischen Ideal und Wirklichkeit keinen Abstand gäbe, dann wäre die Liebe möglicherweise die einzige notwendige Tugend. Aber in dieser Welt, wie sie tatsächlich ist, muß ein liebendes Herz durch praktisches Denken, gute Gefühle und Bereitschaft, für Gerechtigkeit zu kämpfen, ergänzt und ins Lot gebracht werden. Sentimentale Menschen, die andere in ihren rosaroten Gefühlen ertränken, lähmen ebenso wie jene, die vor Gefühlen Angst haben. Tillich mahnte uns: Liebe, Kraft und Gerechtigkeit sind unzertrennlich: Jene «blutenden Herzen», die Liebe ohne Zorn, Beziehungen ohne Konflikte und Gerechtigkeit ohne Kampf fordern, müssen sich gezwungenermaßen eine illusorische Welt inambivalenter Liebe zurechtzimmern, die nur von reinen Herzen – d.h. von ihnen selbst und anderen Kindern des Lichts – bewohnt wird. Es ist kein Zufall, daß «perfekte» Menschen dieser Art (die niemals nach ihren eigenen Motiven fragen, ihre Ideologie oder ihre Selbstinteresse bezweifeln) bewirken, daß sich die Menschen in ihrer Umgebung verderbt und schuldig vorkommen, weil sie bei sich – im Gegensatz zu den Perfekten – «Zynismus», Zorn und Gefühlsschwankungen wahrnehmen. Jene Menschen aber, die «zu gut sind, um wahrhaftig zu sein», tragen dazu bei, dem Realisten, der mit den Dunkelseiten der Liebe kämpft – mit der ständigen Vermengung von Liebe und Haß –, aufzuzeigen, daß ein aufrichtiger Liebhaber zu wahrhaftig sein muß, um nur gut zu sein. Jede sentimentale Predigt wird mit einer Portion Schuld serviert!

Unheilbare Romantiker sind stets auf der Suche nach einem Phantom der Liebe. Wie oft sie sich auch aufs neue verlieben und eine entsprechende Enttäuschung erfahren müssen, sie zweifeln dennoch nie daran, daß der/die Richtige kommen wird. Jede gerade aufgetauchte Frau, jeder gegenwärtige Mann wird einem Vergleich mit dem idealisierten Traumbild unterzogen. Liebessüchtige dieser Art zweifeln nie an ihrer eigenen Aufrichtigkeit oder Liebenswürdigkeit. Bei *ihnen* ist alles in Butter. Die Fehler finden sich stets beim andern. «Wenn sie bloß nicht so kritisch wäre!» «Wenn er nur etwas anhänglicher – und vielleicht etwas größer – wäre!» Die Rechtschaffenheit des Romantikers erlaubt es ihm/ihr keinesfalls, sich einem geringeren Gefühl als der *wahren, leidenschaftlichen* Liebe zu verschreiben. Diese unglücklichen Umstände schlagen mit Blindheit. Der unheilbare Romantiker schaut seinen eigenen Illusionen nie ins Antlitz – er bemerkt nicht, daß seine Ideale und der angestrebte Perfektionismus jede Beziehung zu einem Menschen aus Fleisch und Blut unmöglich machen. Er ist in eine Vorstellung, in ein Abbild, in eine platonische Essenz verliebt, die sich nie in einem wirklichen Menschen aus Fleisch und Blut zu inkarnieren vermag. Im Namen der Liebe isoliert er/sie sich selbst in einer Burg aus Illusionen.

Die Ernüchterung des Romantikers: Gebrochene Herzen und die Suche nach unabhängiger Liebe

Die Suche nach Erfüllung durch die eine «romantische» Liebesbeziehung führt unvermeidlich zur Enttäuschung. Aber unterhalb des Dramas der zerstörten Romantik und der Ernüchterung ereignet sich etwas Bedeutsames, das den Weg zur höchsten dem menschlichen Geist bekannten Form der Liebe freilegt.

Wenn wir uns verlieben, lassen wir Pragmatismus und Sicherheitsbedürfnis fallen und überlassen uns der Faszination. Wir sind bezaubert. Unser Herz wendet sich einem andern zu. In unseren Gefühlen und unserem Handeln findet Halbherzigkeit keinen Platz mehr. Selbstsüchtige Berechnungen jeglicher Art lassen wir weit zurück und geben uns ganz dem Wunsch hin, das geliebte Wesen anzubeten. Dieses Erwachen des Anbetungs-Instinkts ist die tiefere Wahrheit der romantischen Liebe und zugleich der Grund, warum diese Schiffbruch erleiden muß. Das Herz öffnet sich nur, wenn es zerbrochen wird.

Achten wir in diesem Zusammenhang auf die «romantische« Umgangssprache: «Ich bete ich an, ich lebe nur für dich, mein(e) einzige(r) Wunderbare(r).» «Du bist ein Engel.» «Ohne dich wäre mein Leben sinnlos.» Hier werden geradezu krypto-theologische Töne angeschlagen. Die bedingungslose Liebe, die dem oder der Geliebten zugesprochen wird, findet sich kaum bei einem normalen Sterblichen. Der überhöhte Wunsch nach einem anbetungswürdigen Liebesobjekt ist der sicherste Weg, um sich in romantische Gefühle zu verlieren. Wir können keinen Menschen anbeten, ohne daß wir mit Sicherheit enttäuscht werden. Der Eros selbst enthält offenbar ein Paradoxon, ein lebendes Koan: Wir verlangen voneinander Dinge die wir nicht erfüllen können – die romantische Leidenschaft sorgt für ihre eigene Frustration.

Warum treiben wir solchen Unfug? Von Plato über Augustinus bis Hegel haben Philosophen immer wieder geäußert, daß der Pfad des Lebens und der Liebe eine progressive Menge von Enttäuschungen umfasse. Leidenschaft ist unvermeidlich blind, weil wir nur Teilstücke eines unergründlichen Ganzen bilden. Wir irren aufgrund unserer Sterblichkeit, und unser Blickwinkel wird durch Zeit, Raum und die Gegegebenheit unserer Kultur eingeschränkt. Unser Aufstieg zu adäquatem

Wissen und zur Liebe zum Ganzen – zum Allgemeingültigen – beginnt gezwungenermaßen mit der «niedrigsten» oder individuellesten Wirklichkeit. Der Pfad des Liebenden nimmt seinen Anfang im Dunkel der Unwissenheit. Nach und nach gelangt er ans Sonnenlicht der Erfahrung, indem er die Stufen des Eros erklimmt. Unsere Liebe vollzieht sich innerhalb der engen familiären Bande, ehe wir aufbrechen, um Fremde miteinzuschließen. In der romantischen Liebe konzentrieren wir eine Unmenge Liebe auf einen einzelnen Menschen, um die Grenzen der Liebesfähigkeit auszuloten. Am unvermeidlichen Frustrationspunkt zwischenmenschlicher Beziehungen angekommen, fühlen wir den Verdacht, daß sich unser Ursehnen eigentlich auf etwas Metaphysisches richtet. Eine Frau – oder ein Mann – ist der Trickster, der uns erkennen läßt, daß dem Menschen ein unstillbares Sehnen innewohnt, das von nichts in Raum und Zeit gestillt werden kann. Unsere Ernüchterung führt uns zu der Einsicht, die am Anfang religiösen Suchens steht: «Nach Dir, o Herr, hast Du uns geschaffen. Unser Herz ist unruhig, bis daß es Ruhe findet in Dir.» (Augustinus)

An diesem Punkt beginnt der Übergang; von nun an suchen wir nicht länger nach einem Liebhaber, sondern nach bedingungsloser, uneingeschränkter Liebe. Was wir in einem Objekt (Menschen) suchten, muß als Grundlage des Seins erkannt werden. Liebe wird nicht mehr als primär sexuelle Anziehung zwischen zwei Menschen verstanden, sondern – um es mit den Worten Tillichs auszudrücken – als «ontologischer Schritt in Richtung der Wiedervereinigung des Getrennten».

Die Abgötterei im Rahmen einer romantischen Beziehung läßt uns einen ersten kurzen Blick auf die wahre Natur der Liebe tun. Das liebende Wesen wird zum Sinnbild, das uns für einen Moment erkennen läßt, wie die Welt durch die Augen der Liebe betrachtet aussieht. Der Drang zur Verehrung und Vereinigung ist möglicherweise unangebracht – aber echt. Für einen Augenblick schwindet die Entfremdung, indem sie durch ein Gefühl des Zugehörens ersetzt wird. Das Bewußtsein entdeckt, daß es nicht isoliert ist, sondern einer inter-subjektiven Verbindung angehört. Die Kommunikation verlagert sich, und man erkennt für einen Augenblick, wie unser Leben in Tat und Wahrheit auf gegenseitigen Verbindungen beruht. Man findet erneut Anschluß an ein anderes Wesen – der Körper entspannt sich. Unsere gepanzerte Persönlichkeit mildert und enthärtet sich. Der geistige und körperliche, unser Handeln bestimmende Verteidigungsmechanismus, den wir gegenüber dem feindlichen Umfeld errichtet und stets gestärkt haben, schwindet. Wir bewegen uns mühelos inmitten einer harmonischen Welt. Für kurze Zeit ist der kämpferische, mit Eroberungen in einer fremden Umwelt beschäftigte Krieger verschwunden. Anstelle der Paranoia tritt Mitgefühl: man vermag zu bewundern, staunen, gelten zu lassen. Dieser psychedelische Moment – Mittelpunkt jeder romantischen, vom Herzen bestimmten Sehweise – eröffnet einen kurzen Augenblick auf die höheren Gefilde des Bewußtseins. Die Inspiration, ein Liebender zu werden, erreicht uns blitzartig. Der Aufstieg zu diesem Königreich dauert ein Leben lang.

Aber sobald wir an diesem Punkt der Reise angelangt sind, ändern sich die Regeln. Für den am Anfang seiner Erfahrung stehenden Liebenden ist die Welt nicht mehr in Fremde und Feinde, ich und du, wir und sie aufgeteilt. Der starre metaphysische Dualismus, der die drei ersten Königreiche beherrschte, weicht einem sanfteren Dualismus. Die Wirklichkeit ist kein Schlachtfeld, sonder eine unbegrenzte Hierarchie, «eine große Verkettung des Seins» (Lovejoy). Auch hier gilt es, Unterschiede zu erkennen, aber die Einteilung erfolgt nicht mehr kategorisch: Gott und Teufel, Kinder des Lichts und Kinder der Dunkelheit, Gerechte und Sünder. Vielmehr finden sich überall – in jedem Menschen, in jedem Gegenstand, in allen Ereignissen – Abstufungen von Sinn, Bedeutung, Sein und Güte. Die bedeutsamen Unterscheidungen finden nun in den Bereichen von Oberfläche und Tiefe, Erscheinung und Wahrnehmung, Illusion und Wirklichkeit, Schein und Sein statt. Das Allgemeingültige leuchtet – wenn auch schwach – in und aus dem Einzelnen. Jeder Augenblick ist eine verborgene Offenbarung der Ewigkeit; alles Geschehen manifestiert die Grundlagen des Seins. Gott wird nicht mehr als transzendente, von der Erde losgelöste Wesenheit erlebt. Der «grenzenlose qualitative Unterschied zwischen Zeit und Ewigkeit» (Karl Barth) ist aufgehoben. Jedes Land kann plötzlich zu einem Ort der Offenbarung werden, jedes Sandkorn zu einem Ebenbild des Ewigen, jeder Mann oder jede Frau zum Torweg, durch den ein gewöhnlicher Sterblicher schreitet, um den Sinn menschlichen Seins zu ergründen.

Für alle, die unlängst auf den Pfad der Liebe gelangt sind und deren Herzen durch einen Lichtstrahl in der Dunkelheit aufgebrochen wurden, beginnt ein neues Suchen. Der Sinn des Lebens liegt im Aufstieg vom Schein zum Sein, vom Oberflächlichen zum Tiefgründigen, von der scheinbaren Ungleichheit und Entfremdung zur allumfassenden Einheit des Seins.

Wir verlassen das Königreich des Herzens umwölkt von Unwissenheit. Unsere einzige Gewißheit ist unsere Unkenntnis. «Wer Liebe als Illusion erachtet, wird echte Liebe niemals kennen lernen.» Wir nehmen deutlich unsere bisherige Torheit wahr – und vor uns erhebt sich die Hoffnung auf Einsicht. Aber unsere Ernüchterung ist wunderschön, weil wir die bisherige egoistische Weltsicht nicht mehr verteidigen müssen. Schmerzlich, aber hoffnungsvoll erkennen wir, daß wir bis jetzt keine Liebenden gewesen sind, jedoch dieses Ziel nach wie vor erreichen können.

Das Königreich der Reinigung

Die Landschaft

Beim Höherklettern lassen wir Zivilisation und Gemeinschaft hinter uns. Hier gibt es keine gebahnten oder gut markierten Wege mehr. Der kaum wahrnehmbare Pfad schlängelt sich tiefen Abgründen entlang: «Die scharfe Schneide eines Messers ist schwer zu überschreiten. Die Weisen sprechen davon als Hindernis des Weges» *(Kâthaka-Upanishad)*. Der kaum begehbare Steig überwindet hochaufragende Felswände, um kurz danach erneut in die Tiefe zu führen. Hinauf und hinunter, stets aufs neue. Es gibt viele Rückschläge, und der Wanderer glaubt sich immer wieder am Ausgangspunkt. Häufig führt ein vielversprechender Pfad über einen Felsen, an dessen Ende sich jedoch ein gähnender Abgrund auftut. Tausendmal sieht sich der erschöpfte Wanderer in einer Sackgasse.

Das Klima ist unberechenbar und extrem. Während es in dieser Minute schneit, dringt im nächsten Augenblick die Sonne durch eine Wolkenschicht und bewirkt Hitze und hohe Luftfeuchtigkeit. Plötzlich auftretende Stürme können einen Wanderer wochenlang am Weiterkommen hindern. Schneegestöber und Nebel verhindern eine klare Sicht. Was wie ein sicheres und festes Eisfeld aussieht, verbirgt möglicherweise tödliche Gletscherabbrüche.

In diesem Königreich gibt es keine Siedlungen, bloß einige Schutzhütten. In diesem Lande ist der Wanderer in der Regel allein. Gelegentlich versuchen ein Paar oder einige Freunde diesem Wagnis gemeinsam zu begegnen; die Pfade sind jedoch so schmal und die Einrichtungen so dürftig, daß die meisten ihren Weg allein gehen. Steinhütten und enge Höhlen bilden am Fuß steiler Abhänge den einzigen Zufluchtsort. Die Hüter und Führer aus dem Königreich des Herzens versorgen diese Unterkünfte regelmäßig mit Nahrungsvorräten und Brennholz. Gelegentlich trifft man auf Kletterer, die vom Gipfel zurückkehren. Über die Erfahrung sprechen diese Menschen wenig, aber ihre strahlenden, zufriedenen Gesichter beweisen, daß sie aufgrund dieser Reise eine Transformation erlebt haben.

Die schweren Bedingungen und die Einsamkeit üben auf den Geist des Menschen seltsame Wirkungen aus. Halluzinationen sind nichts Außergewöhnliches. Viele Kletterer sind überzeugt, daß sie von jemandem an einem Seil geführt werden. Es gibt unzählige Berichte über schattenhafte Feinde, widerwärtige Bestien, Dämonen und Schutzgeister. In keinem anderen Königreich wird so klar ersichtlich, daß die innere und die äußere Reise untrennbar sind. Das Auge muß zuerst gereinigt werden, ehe es klar sehen kann. Ein fortgeschrittener Kletterer muß fähig sein, Illusionen und Dämonen zu bannen und den Stimmen der geistigen Führer zu lauschen, die vernehmbar werden sobald die Seele Extremen standzuhalten hat. Die Stimmen und Visionen müssen überprüft werden. Manche Kletterer werden unbewußt durch einen imaginären Führer zur Zerstörung verführt. Um aus diesem Labyrinth hinauszufinden, ist Verstand vonnöten. Häufig erscheint der Aufstieg zwecklos; der Wille erlahmt; Hoffnungslosigkeit greift um sich. Immer wieder müssen Ängste überwunden und Klarheit durch schwere Kämpfe errungen werden. In der Stille dieser einsamen Höhen widerhallt jeder Gedanke im Geist wie das Echo eines plötzlich in Bewegung geratenen, in die Tiefe stürzenden Felsens.

Dieses nicht eben vielversprechend scheinende Gebiet wird in der tantrischen Überlieferung als «Tor zur großen Befreiung» bezeichnet. Nur indem wir die Einöde durchwandern – «einen Pfad ohne Ekstase» (Eliot) –, dürfen wir die Erfüllung jener Verheißung erhoffen, die sich uns flüchtig im Königreich des Herzens aufgetan hat. Ehe wir den Gipfel erstürmen, müssen wir von den vergifteten Illusionen, Projektionen und Verteidigungsmechanismen gereinigt werden, die unsere Persönlichkeit, das Ego und das gesellschaftlich konditionierte Selbst bestimmen.

Eine Warnung vor Worten

Bevor wir mit der Beschreibung jener psychologischen Prozesse beginnen, die uns durch das Königreich der Reinigung führen, ist eine Warnung vor der Sprache notwendig. Von nun an bleiben Worte unzulänglich – sie hinken und straucheln; jene Bereiche menschlicher Erfahrung, die mit genau definierten Begriffen umschrieben werden können, haben wir hinter uns gelassen. In den höheren Königreichen des Bewußtseins herrscht das Paradoxon: Poesie, Parabel, Metapher und Erzählkunst sind die neuen Elemente der Kommunikation.

Als Beispiel für die nun auftauchenden sprachlichen Schwierigkeiten betrachte man die auf dieser Stufe unserer Reise im Mittelpunkt stehenden Begriffe: «Selbst, Persönlichkeit, Ego». Westliche Psychologen erachten seit Freud das Ego als das ausführende Agens der Persönlichkeit, das Realitätsprinzip; Reife wird einem starken Ego gleichgesetzt. Traditionelle östliche Philosophen sehen im Ego die künstliche, vom individuellen Karma hervorgerufene Gefühl der Isolierung; es bleibt eine Illusion, die es zu vertreiben gilt, ehe wir die «wahre» Welt wahrnehmen können. Wenn moderne Ego-Psychologen einen östlich orientierten Guru hören, der jungen Leuten die Zerstörung ihres Egos empfiehlt, so fürchten sie, daß der Schizophrenie Vorschub geleistet würde. Natürlich besteht hier ein Mißverständnis aufgrund der weitverbreiteten Tendenz, die Sprache «wörtlich» zu nehmen. Es gibt keine Wesenheit, die als «Ego» oder «Persönlichkeit» zu bezeichnen wäre. Man achte auf die tiefere, verborgene Bedeutung der Worte!

Die Transformation des «Selbst», die dann stattfindet, wenn das «Ego» und die «Persönlichkeit» aus dem Weg geräumt sind, hat eine vollständige Verlagerung der Wahrnehmung im Gefolge. Die kulturellen Werte und jene Weltsicht, die wir bisher als die Wirklichkeit aller Dinge erachteten, fallen in sich zusammen und werden durch eine andere, allumfassende Sicht der Realität ersetzt. Es ist keineswegs so, daß der einzelne Mensch plötzlich eine völlig andere Sicht seines Selbst erlangen würde. Die Veränderung findet nicht vereinzelt in der Landschaft statt – die Veränderung ist total. Die Gestalt wird «umgekehrt». Was bisjetzt Wirklichkeit war, wird nun Illusion oder *maya*. Die Persönlichkeit (jene Verhaltensweisen und Haltungen, die aufgrund der Ansicht entwickelt wurden, daß die gesellschaftlich-sozialen Wechselbeziehungen die Essenz des Individuums seien) stirbt ab, und das Selbst (das vorher nicht zugelassene Gefühl der gegenseitigen Verbundenheit mit allem Sein) tritt in den Vordergrund. Die Transformation des Selbst *besteht* aus der Veränderung unseres Wahrnehmens und Handels; dies stellt sich plötzlich dann ein, wenn wir unsere Persönlichkeit als eine Form kultureller Hypnose erkennen. Der kulturelle Konsens – das Bemühen um Übereinstimmung – hält uns in einer Art Trance. Das Selbst wird dann geboren, wenn das Individuum den Bannkreis politischer, religiöser und familiärer Ideologien durchbricht. Die von uns benutzte Sprache – Persönlichkeit versus Essenz, Ego versus Selbst, Oberfläche versus Tiefe, Illusion versus Wirklichkeit – stellt bloß ein Hilfsmittel dar, um einen äußerst feinen, aber schwerwiegenden Unterschied aufzuzeigen: den Gegensatz eines von starren gesellschaftlich-politisch-ökonomisch-philosophischen Ideologien bestimmten Lebens und der psychischen Bewegungsfreiheit, zwischen verschiedenen Perspektiven, Rollen, Stimmungen und Inkarnationen des Selbst wählen zu können. Der Übergang führt von einer prosaischen zu einer poetischen Sicht des Selbst und der Welt.

Die Welt als Projektion: Transformation des sich selbst hypnotisierenden Selbst

In der Mitte des Lebensweges gelangen wir zur Reinigung. Mit dem Eintritt ins Erwachsenenalter wird unsere Persönlichkeit geformt, und wir beginnen mit der steten Wiederholung unserer typischen Denk- und Verhaltensmuster. Wir sehen, was wir bereits gesehen haben, handeln, wie wir schon immer gehandelt haben, und beurteilen das Morgen nach dem, was gestern möglich war. Wir kennen unser «Drehbuch» und unsere Rolle auswendig. Unsere Persönlichkeit verknöchert. An diesem Punkt angelangt, entschließen wir uns, entweder für immer in einem der niedrigen Bewußtseinsbereiche zu verharren, oder wir unternehmen den ersten Schritt in Richtung Reue und Reinigung.

Ein ungeheurer Wechsel tritt in diesem Augenblick ein, wo wir unseren aufrichtigen Selbstzweifel nicht mehr unterdrücken, sondern anzunehmen bereit sind. Der Prozeß der Ernüchterung beginnt. Wir lasten das Problem nicht mehr länger einer ungünstigen Konstellation der Gestirne, unpassenden Liebhabern oder anderen Unheilträgern an, sondern unserem Selbst. Auf der Suche nach Befriedigung stellen wir nicht mehr die Welt, sondern unser Selbst in den Mittelpunkt. Man erwäge, was geschieht, wenn ein enttäuschter Liebhaber die Verantwortung für das Scheitern einer Beziehung auf sich nimmt und erkennt, daß *er* in diesem Fall versagt hat. In dem Moment, wo wir uns eingestehen, in uns Illusionen genährt und andere Menschen zu Befriedigung unserer selbstsüchtigen Bedürfnisse benutzt zu haben, betreten wir das Feld moralischer Verantwortung. Wir anerkennen, daß unsere Sehweise der anderen bisher von unseren Wünschen und Vorstellungen bestimmt worden war. Unsere Wahrnehmungen sind Projektionen. Wie Marx darlegte, sind unsere Werte und Ideologien ein Produkt individueller und klassenkonformer Interessen. Gegebenenfalls sehen wir die Welt so, daß wir sie zum eigenen Vorteil nutzen können. Haben wir unsere erste Illusion erkannt, so wissen wir, daß der Blick gereinigt werden muß, ehe die Welt klar wahrgenommen werden kann.

Die Reinigung beginnt mit Reue und Bußfertigkeit. Bekenntnis ist das Tor, das es zu durchschreiten gilt, um über die Illusion hinauszugelangen. Das Selbst muß von Hindernissen befreit werden, ehe sich Mitgefühl und Wissen entfalten können. Der schmerzliche Moment tritt dann ein, wenn wir unsere Arglosigkeit verlieren und den eigenen Vorurteilen, Verteidigungsmechanismen, autonomen Komplexen und neurotischen Wahrnehmungs- und Verhaltensmustern gegenüberstehen, die unsere Persönlichkeit bestimmen.

In der alten religiösen Sprache umfaßt Reue stets das Eingeständnis von Sünde. «Wir haben alle gesündigt und sind der Herrlichkeit Gottes nicht würdig gewesen.» Eingeständnis und Reue empfinden, heißt aber nicht Sünden bedauern, sondern erkennen, wie sehr man bislang im Mechanismus seiner Persönlichkeit festgehalten war: ein Gefangener von Ideologien und ein von Verteidigungsmechanismen gesteuerter Automat. Das Böse, das wir vorher äußerlichen Ursachen anzulasten pflegten – Teufeln, Kommunisten, Kapitalisten, Chauvinisten, treulosen Liebhabern, dem System usw. –, müssen wir in uns selbst entdecken. Die Welt kann nicht mehr länger in gut und böse unterteilt werden. Die Trennungslinie zwischen Heiligen und Sündern liegt in der Mitte des Seins. «Wir trafen auf den Feind – und der sind wir selbst!» Mit *meinem* Steuergeld werden Waffen gekauft (und damit die Rüstungsindustrie gestützt), und ich muß eingestehen, daß ich all den Luxus genieße, den uns jene Petrochemie ermöglicht, die uns mit rasender Geschwindigkeit in eine tödliche Umweltverschmutzung hineinmanövriert.

In der tantrischen Tradition findet die Reinigung dann statt, wenn die Kundalini-Energie zum *Vishudda-Chakra* hochsteigt, das mit der Kehle in Verbindung steht. Ehe wir Erleuchtung erlangen, müssen wir all unsere geheimen Gedanken zum Ausdruck bringen und es wagen, unsere Projektionen ins Auge zu fassen. Es gilt, die Verantwortung sowohl für jene Teufel und Dämonen zu übernehmen, die unser eigener, nicht eingestandener Hang zum Bösen hervorgebracht hat, als auch für die Engel und Erlöser, in die wir unsere Kraft zum Guten investieren.

Wenn wir unsere Mitschuld am Erschaffen von Illusion und am Fördern des Bösen erkennen, wird unsere Seele zunächst von Dunkelheit umfangen. Die Schuld lastet schwer. Solange sich der Feind irgendwo «außerhalb» befand, konnte er dort von einem Erretter, von Gott oder von den Kindern des Lichts zur Niederlage gebracht werden. Aber wenn *maya* und das Böse in uns selbst zu suchen sind, wenn sie die Grundlage unserer Persönlichkeit bilden, dann gibt es keinen Sieg ohne eine vollständige Transformation des Selbst. Um letzteres zu retten, müssen wir unsere Persönlichkeit zerstören. Diese Aufgabe scheint hoffnungslos. Kann das Fell eines Leoparden plötzlich keine Flecken mehr aufweisen? Schaffen wir es, unsere konditionierten Reaktionen abzulegen und über eine Erneuerung wiedergeboren zu werden?

Aber wo Dunkelheit herrscht, ist das Licht nahe. Reue und das Anerkennen von Schuld schaffen neue Stärke. Sobald wir die Verantwortung für das Böse nicht mehr Teufeln oder Bösewichten zuschreiben und unsere Mitschuld an leidbringenden Taten und Einflüssen eingestehen, verlassen wir die infantile Haltung des Opfers und werden zu «Wirkenden». Wenn wir die Kraft zum Selbstbetrug besitzen, haben wir auch die Kraft zur Ernüchterung; wenn wir uns selbst krank machen können, vermögen wir uns auch selbst zu heilen. Wer Böses tun kann, ist auch zum Guten fähig. Wenn die konditionierte Persönlichkeit – jene den familiären und gesellschaftlichen Ideologien entsprechende Marionette – zerbrochen wird, beginnt sich ein «transmoralisches Gewissen» (Tillich) zu regen. Das bewußtgewordene Selbst ist zu Zerstörung oder Aussöhnung, zu Paranoia oder Liebe fähig.

Transformation des Selbst

Der Transformationsprozeß des Selbst ist auf vielerlei Arten umschrieben worden: als Psychoalchimie, Therapie, Erlösung, Heilung, Sich-Neuordnen. Hierbei findet stets eine Art Striptease statt, in dessen Verlauf überflüssige Selbstbespiegelungen, Rollen und konditionierte Reaktionen untersucht und ausgeschieden werden. Die Persönlichkeit schwindet, indem wir hinter der Maske nach unserem wahren Gesicht suchen. Die Verteidigungsmechanismen werden aufgegeben, da wir um das Wiedererlangen des Urvertrauens ringen. Das Wagnis, verletzbar zu sein und die chronische Kampf- oder Flucht-Haltung gegenüber der Umwelt aufzugeben, weicht unsere Panzerung nach und nach auf. Scheingründe und unechtes Verhalten haben dann ein Ende, wenn wir nicht mehr so reagieren, wie man «sollte», sondern so, wie es unser innerstes Verlangen gebietet. Das Ego stirbt und das Selbst wird geboren.

Die Illusionen des Ego auszuräumen und das wahre Selbst zu entdecken, ist zugleich schmerzlich und erfreulich, mühsam und einfach. Der Vorgang beginnt, sobald wir stillsitzen und die von den Widersprüchen in unserer Persönlichkeit hervorgerufenen Stürme beobachten, ohne uns von irgendwelchen Stimmungen oder Gefühlen mitreißen zu lassen. Im Zentrum des Wirbelwindes herrscht Ruhe! Man betrete das Observatorium des Bewußtseins und beobachte die Possen der Psyche mit einfühlsamer Objektivität. Alles wandelt sich, sobald wir die Gewohnheit entwickeln, die beobachteten Dinge ihrem wahren Wesen nach zu erfassen und uns nicht von Verhaltensweisen und Gefühlen beeinflussen zu lassen. Diese Form des Beobachtens, die den Gedankenfluß und das Chaos transzendiert, voll in unser Bewußtsein einzubauen, ist die zentrale Aufgabe: Hier findet der Wechsel vom Oberflächlichen zum Tiefgründigen, vom Ego zum Selbst statt. Sobald wir uns einen Platz in diesem «magischen Theater» gesichert haben, können wir die von uns getragenen Masken und die von uns gespielten Rollen beobachten: nach und nach erkennen wir auch, welche Rolle wir unseren Eltern und anderen Ebenbürtigen in diesem Spiel zugedacht haben. Die Veränderung beginnt, wenn wir *nichts* tun. Die Entdeckung des Selbst findet im ruhigen leeren Raum statt, wo wir Zeugen der gewohnten Denk-, Fühl- und Handlungsmuster unseres Ego werden. Wenn wir ganz genau hinhören, vernehmen wir hinter dem konfliktbringenden «Man muß und sollte...» und den anklagenden Stimmen von Scham und Schuld die Befehle und Vorschriften unserer Eltern. Es wird uns klar, wie sehr wir die Wünsche und Werte anderer Menchen übernommen haben. Das Ego ist eine Marionette, die von einem

Überego geführt wird. Kierkegaard hat dies sehr schön aufgezeigt. Der einzige Weg, von diesen Illusionen loszukommen, besteht darin, das Ganze bis zum Ausgangspunkt zurückzuverfolgen. Beobachtet man den Aufbau der eigenen Persönlichkeit, so setzt sich das Selbst eher dem beobachtenden Bewußtsein gleich – die konditionierten Reaktionen und unsere Biographie, die bis anhin die Grundlage der Identität bildeten, treten in den Hintergrund. Beobachten wir den Aufbau unserer eigenen «hypnotisierten» Persönlichkeit, so beginnt die Transformation. Ich (dieses freie und in keine Form gepreßte Bewußtsein, dieser mitfühlende Beobachter) meditiere über das konditionierte Chaos, den Konflikt, die doppelten Bindungen, den unablässigen inneren Dialog, die bisher das ausmachten, was ich als mein Leben bezeichnete.

Jede religiöse oder psychotherapeutische Tradition konzentriert sich auf irgendeine Technik zur Transformation des Selbst. Eine der ältesten Methoden ist die Vipisanna-Meditation: das Beobachten der Gedanken, bis der Geist geruhsamer wird und schließlich jede logisch fortschreitende Tätigkeit aufgibt. Die Psychoanalyse glaubte, dem Patienten eine beobachtende Perspektive zu vermitteln, indem sie ihm die «objektiv wissenschaftliche» Sicht des Therapeuten verleiht. Gestattet man sich freie Assoziationen und uneingeschränkte Rede, so erstarkt das Ego, indem die versteckten Zwänge des Überego und die omnipotenten Erwartungen der Libido gleichsam «ausgetrieben» werden. Die katholische Tradition empfahl zur Läuterung der sündhaften Seele das Gebet, Fasten, Heilighaltung der

Sakramente und Glaube an das Sühneopfer Christi. Aber die Theologen waren bezüglich der Uneinigkeit in Sachen Transformation keineswegs hoffnungsvoller als Freud, (der die Ansicht vertrat, daß eine Analyse niemals wirklich zu Ende geführt werden könnte) und erstellten einen Ratenzahlungsplan (sündige jetzt, zahle später): ein Fegefeuer, das den Abschluß der Reinigung nach dem Tode ermöglicht. Seit Wilhelm Reich Freuds Gedanken der psychologischen Verteidigung in den physiologischen Begriff der Körperpanzerung übertragen hat, sind zahlreiche Therapieformen wie Bioenergetik und Rolfing entstanden, die den Körper von chronischen Muskelverspannungen – dem äußerlich sichtbaren Zeichen einer starren Persönlichkeitsstruktur – zu befreien suchen.

Tantra verfügt über eine Fülle von Techniken, welche die Identifikation des Selbst mit jedwelchem Prädikat unterbinden helfen. Falls du denkst, ein Körper zu sein, meditiere über einen Schädel. Falls du denkst, Geist zu sein, beobachte deine possessiven Gedanken. Falls du glaubst, deine eigenen Sinne zu sein, denke über einen Sturm nach. Falls du denkst, deine eigenen Gemütsbewegungen zu sein, ergründe, wie dich seine Stimmungen beherrschen. Wir erlangen keine Erleuchtung, ehe wir nicht von der Illusion gereinigt sind, daß das Bewußtsein mit irgendeiner seiner Erscheinungsformen umschrieben oder festgehalten werden könne. Wenn das Bewußtsein die Stufe des fünften Chakras erreicht, besteht seine Hauptaufgabe im Reabsorbieren der Projektionen. Im tantrischen Körper-Mythos ist die feurige Energie des dritten Chakras – die Wildheit des Kriegers – zur Zerstörung der Ego-Festung einzusetzen. Aggression, Zorn und List, die wir einst zur Verteidigung gegenüber der Umwelt verwendet hatten, müssen gegen unsere eigenen Verteidigungsmechanismen gerichtet werden. Unsere Kraft muß der Zerstörung unserer Paranoia dienen.

Die Kehle bildet einen ganz besonderen physio-symbolischen Sitz dieser Bewußtseinsform. Was einst unkritisch aufgenommen worden ist, muß nun «gekaut» und aktiv aufgelöst werden, damit es verdaut werden kann. Unterdrückte Worte und Gefühle müssen zum Ausdruck gelangen. Die Urteile – oder vielmehr die Vorurteile –, die wir in den Mund genommen haben, sollen hinuntergeschluckt werden. Krieche zu Kreuze und friß deine Worte. Nimm zurück, was du gesagt hast. Die Worte, die das Gehege unserer Zähne verlassen haben, enthalten unsere gesamten Urteile. Sie offenbaren unsere Projektionen. Was Peter über Paul spricht, sagt mehr über Peter als über Paul. Wenn wir uns ändern, ändert sich auch unsere Sprache. Fritz Perls entwickelte eine effiziente Therapietechnik, indem der Betreffende dazu gebracht wird, passive oder anonyme Begriffe durch aktive Ausdrücke zu ersetzen: Man sage «Ich will nicht» anstelle von «Ich kann nicht». In vielen Fällen machen wir uns selber mehr Angst als unsere Umwelt.

Tantrische Philosophen haben lange vor Freud oder Jung entdeckt, daß der Traum den königlichen Weg zum wahren Selbst weist. Wenn man die unterdrückte und unbeachtete schwache Stelle der eigenen Persönlichkeit entdecken will, so fasse man den Inhalt seiner

Träume ins Auge. Beobachte dich selbst, wie du John Wayne oder Mata Hari spielst. Man lerne, jede Person, jeden Charakter eines Trauminhaltes zu transformieren. Laß einen Feind zu deinem Freund werden, eine Geliebte zu deiner Mutter, und du wandelst dich zu Proteus, einem Meister der Erscheinungsformen. Laß sowohl die dunklen als auch die erhabenen Extreme zu, und du wirst mit den ungelebten, bis dahin unter der Maske deiner Persönlichkeit unterdrückten Möglichkeiten in Berührung geraten. Identifiziere dich mit allen Charakteren deiner Träume, und du wirst die in deinen Projektionen eingekapselte Energie freisetzen und dich von den Zwängen einer engen, zivilisationsbedingten Vorstellung deiner selbst befreien. Wenn wir in Gedanken die alchimistische Hochzeit von wachem und schlafendem Bewußtsein, Licht und Schatten, bewußten und unbewußten, rationalen und emotionalen Seiten der Persönlichkeit nachvollziehen, befinden wir uns auf der Schwelle zur Erleuchtung. Indem wir die Masken zu meistern wissen, heben wir uns gänzlich über die «magischen Theater» der Persönlichkeit hinaus.

Das Ego besteht aus Masken und konditionierten Verhaltensmustern. Aber was ist das Selbst? Nichts. Auf der Reise durch das Königreich der Reinigung stoßen wir auf die Leere im Zentrum des Bewußtseins. Bewußtsein entwickelt sich über Verneinen, Ablegen, Zurückweisen. Ich bin nicht dies – ich bin nicht jenes. Ich beobachte meine Gedanken oder meine neurotischen Zwänge, und ich weiß bloß, daß ich nicht diese Gedanken oder Reaktionen *bin*. Ich löse meine Identität mit allem, was bislang den Quell meiner Individualität bedeutete. Ich bin nicht mit meinen Erinnerungen, Hoffnungen und Besitztümern identisch – ich bin nicht mein Körper. Dieses grundlegende «Entkleiden» des Selbst bildet eine Parallele zur negativen Theologie, die nur aufzeigt, was Gott *nicht* ist. Aber genau so, wie die negative Theologie kein Atheismus ist, so darf auch die negative Psychologie nicht dem Nihilismus gleichgesetzt werden. Das Selbst muß vom gesamten althergebrachten, konditionierten Inhalt befreit werden, ehe es ein neues Zentrum finden kann. Eine solche «Negativ-Sicht» zerstört die Idole und falschen Vorstellungen des Selbst und läßt uns in einer Leere zurück. Sowohl die Bibel als auch die heiligen Schriften des Buddhismus besagen, daß die Welt *ex nihilo* – aus dem Nichts –, aus einer schöpferischen Leere entstanden sei.

Gefahren der Leere

Auch die kräftigsten und vorsichtigsten Kletterer werden auf dem Pfad der Reinigung von Schwindelanfällen heimgesucht. Wenn sich die Persönlichkeit auflöst, wird die Substanz durch Leere ersetzt, Wissen durch Unkenntnis, Gewißheit durch Zweifel.
T. S. Eliot beschreibt dies wie folgt:

Um zu erreichen, was du nicht weißt,
mußt du den Pfad der Unwissenheit beschreiten.
Um zu erlangen, was du nicht besitzest,
mußt du den Pfad des Sich-Entäußerns gehen.
Um zu werden, was du nicht bist,
mußt du den Pfad durchschreiten, der nicht deiner ist.
Und du weißt nur, was du nicht weißt.
Und du besitzest, was du nicht besitzest.
Und du bist dort, wo du nicht bist.

Jeder Reisende verirrt sich, sobald er den bequemen Schein der Persönlichkeit hinter sich läßt und in die heftigen Widersprüche des Selbst eintaucht. Wie Joseph Campell in seiner klassischen Studie *Der Heros in tausend Gestalten* gezeigt hat, haben alle, die einen heldenhafte Reise in die Tiefen der Psyche antreten, Chaos und Zerstückelung zu erwarten. Die Wegweiser alter Werte und Ziele verschwinden, die alten Autoritäten und dogmatischen Gewißheiten lösen sich auf. Sobald die Abenteuerer des Bewußtseins mit alten Tabus zu brechen wagen und sich nicht mehr von infantilen Schuld- und Schamgefühlen einschränken lassen, beginnt eine Zeit der Verwirrung, der Angst und großer Einsamkeit. Man lernt nicht, sich auf diesem Weg heimisch zu fühlen, wenn man die Angst, verlorenzugehen, nicht überwindet. Der Preis für psychische Beweglichkeit ist das Erdulden von Unsicherheit.

Die meistverbreitetste Art, Schwindelanfälle zu verhindern, besteht darin, sich in sicherem Gewahrsam, im Gefängnis der mit der Umwelt «übereinstimmenden» Realität aufzuhalten. Narzißmus – gleichsam die Erkältung der Psyche – ist die «normale» Erkrankung, falls wir weder bereuen, noch von den Illusionen der

Persönlichkeit befreit sein wollen. Der Narziß ist von der Oberfläche, vom äußeren Bild des Selbst fasziniert. Weil man – er oder sie – den Abstieg in die Leere fürchtet, klammert man sich an die Fassade. Die heute häufig feststellbare Hörigkeit gegenüber «Stil» und «Mode», sowie die Anbetung des «Jungseins» widerspiegelt die Bevorzugung des Äußerlichen gegenüber inneren Werten. Entgegen der Meinung vieler Stimmen, welche die jüngste Begeisterung für östliche Religionen kritisieren (Peter Martin; Tom Wolfe), offenbart sich unser echter Narzißmus nicht in der atypischen Bereitschaft für Experimente auf dem Gebiet der Meditation und Selbstbeobachtung (Innenschau), sondern in unserer traditionellen Verherrlichung der extravertierten Persönlichkeit. Die Suche nach dem Selbst wird in einer alles Äußerliche fördernden Welt zum unerläßlichen Abenteuer. Das Gesicht wahren, im Bekanntenkreis mithalten können, seine Sache «gut machen», der öffentlichen Meinung entsprechen – dies sind die tatsächlichen Zeichen jener Krankheit, an der unsere Gesellschaft leidet. Unsere stille Verzweiflung beruht auf unserer Unkenntnis gegenüber dem wahren Selbst.

Einige unglückliche Seelen werden von der Leere hypnotisch angezogen. Ohne Nietzsches Warnung zu beachten, starren sie so lange in den Abgrund, bis sie die Funktionsfähigkeit in der normalen Welt verlieren. Indem sie die Auflösung der Persönlichkeit für eine Krankheit des Selbst halten, werden sie psychotisch. Die Spaltung zwischen Persönlichkeit und tieferem Selbst beruht auf der Weigerung, sich von erkannten

Konflikten und dem Leiden der neurotischen Persönlichkeit loszusagen und dem unbekannten Selbst auf den Grund zu gehen. Viele «Schizophrene» schwanken am Abgrund, von den aus der Teife rufenden Stimmen der Sirenen und Dämonen erschreckt, von Zwängen und unerreichbaren Idealen gequält, von unterschwelligen Schuld- und Schamgefühlen bedrückt. Sie befinden sich in der Vorhölle: «lebensmüde, aber den Tod fürchtend». Zwischen der Persönlichkeit, die nicht sterben will, und einem noch ungeborenen Selbst eingekeilt, durchwandert der Schizophrene eine schreckliche Leere – die Heimat ist nahe und doch so weit entfernt. Zwischen Schizophrenie und Schamanismus, Psychose und dem Pfad des Helden befindet sich nur eine hauchdünne Wand. Nichts zu sein, ist entweder das Ende oder der Anfang menschlichen Bewußtseins, der Scheideweg zur Verzweiflung oder zu einer wunderbaren Desillusionierung, die uns eine neue Identität eröffnet.

Androgyne Sexualität: Die Vermählung des Männlichen und des Weiblichen

Die im Zusammenhang mit der Selbstreinigung zutage tretenden sexuellen Gepflogenheiten brechen mit den stereotypen Geschlechtsrollen, lassen die

«Missionarstellung» hinter sich und beginnen jene Werte miteinzubeziehen, die man bis dahin dem entgegengesetzten Geschlecht zugeschrieben hat. In jedem Menschen muß sich die Vermählung zwischen dem Männlichen und dem Weiblichen vollziehen. Die psychologische Androgynie bildet das Tor zur höchsten Form der Liebe.

Platos Mythos des Androgynen ist ein Versuch, die Macht der verschiedenen Formen hetero- und homosexueller erotischer Anziehungskraft zu erklären und aufzuzeigen, warum wir von der Unvollkommenheit der sogenannten «romantischen» Liebe zwangsläufig enttäuscht werden. Laut Plato gab es zu Beginn drei Arten menschlicher Wesen: Mann-Mann, Frau-Frau und Mann-Frau. Jede dieser Einheiten war Rücken an Rücken miteinander verbunden, besaß vier Arme, vier Beine und einen Kopf mit je einem Gesicht auf der Vorder- und auf der Hinterseite. Diese hybriden Wesen konnten entweder aufrecht gehen oder sich wie ein Wagenrad fortbewegen – aber sie vermochten sich nie gegenseitig anzuschauen. Zeus entschloß sich, diese mächtigen Wesen zu teilen und zu unterwerfen. Er spaltete jede Einheit in der Mitte entzwei, so daß der/die Einzelne fortan unvollständig war und nach seiner/ihrer anderen Hälfte zu suchen hatte. Heute werden wir vom Eros vorwärtsgetrieben, von einem tiefen Verlangen, uns mit dem verlorenen Gegenstück wiederzuvereinen. Wir sind alle Bruchstücke auf der Suche nach unserer Ergänzung.

Warum müssen wir durch die Androgynie hindurchschreiten, um vollständige Wesen zu werden? Genetische Unterschiede trennen männlich und weiblich, aber jede Gesellschaft überspielt diese Entfremdung, indem sie die Skala menschlicher Eigenschaften, Gefühle, Aufgaben und Rollen aufteilt und die eine Hälfte den Männern, die andere den Frauen zuschreibt. Wir trennen und spezialisieren. Die Gesellschaft erzieht uns im wahrsten Sinne des Wortes zur Schizophrenie. Das äußerst vielschichtige menschliche Potential wird halb-willkürlich in dem Moment auf die Hälfte reduziert, wo die Sozialisierung des Kleinkindes ihren Anfang nimmt. Kleine Knaben werden dazu erzogen, heftig, hart und immun gegenüber Einschüchterungen zu sein, während den Mädchen die Rolle des schmucken Püppchens und der Hausbesorgerin übertragen wird. Nach jahrelanger kultureller Beeinflussung nehmen die auf diese Weise geformten Männer und Frauen automatisch die «Missionarstellung» ein. Er fühlt sich nur wohl, wenn er die Lage beherrscht, während sie ihre Sicherheit dann findet, wenn sie für ihr eigenes Schicksal die Verantwortung nie vollständig zu übernehmen hat. Kurz gesagt: Wir werden alle zu gleichförmigen, vom Rollenverhalten beherrschte Charakteren.

Sich auf dem Gebiet der Sexualität bloß innerhalb der allgemeinen Definitionen zu bewegen, ist eine Einschränkung, die die meisten Menschen ohne viele Fragen akzeptieren. Wir singen in unseren Ketten, auch wenn sie uns wundscheuern. In der allgemeinen Übereinstimmung zu leben, ist bequem!

Im tantrischen Symbolismus beginnt die erneute Einbeziehung und die Transformation des Individuums mit einer Umkehrung. Die weibliche und die männliche Gottheit wenden sich einander zu: sie blicken sich gegenseitig ins Angesicht. Die umschlungenen Paare in den erotischen Bildwerken indischer Tempel symbolisieren jene geschlechtliche Verbindung, die im Individuum stattfindet. Die Individualisierung umfaßt eine zwischen-psychische Liebesaffäre zwischen Vernunft und Gefühl, Aggression und Unterwerfung, Tat und Wunder. Der erotische Geist muß sowohl arbeiten als auch spielen können; er muß ebenso befähigt sein, einen klaren disziplinierten Denkvorgang zu verfolgen, wie sich entspannt in einem quirligen Strom freier Gedankenvorgänge dahintreiben zu lassen.

Aber was im Selbst vor sich geht, kann auch wegbereitend sein für eine neue Beziehung zu anderen Individuen und deren Selbst. Möglicherweise verbinden sich zwei Menschen, um sich gegenseitig im Individualisierungsprozeß beizustehen. Wenn das Ziel einer Beziehung im Wiedererlangen der Androgynität besteht, fallen alle alten Regeln und das gesamte Rollenverhalten dahin. Er sagt zu ihr: «Willst du meine Lehrerin sein? Ich muß lernen, sanft zu sein, meiner Intuition zu vertrauen, zu spielen und Zuwendungen zu geben. Ich bin es überdrüssig, zu arbeiten, um die Oberhand zu kämpfen und hart zu sein.» Sie sagt zu ihm: «Willst du mein Lehrer sein? Ich muß lernen, meine Kraft wiederzufinden, meine Ziele klar zu formulieren, meine Forderungen eindeutig zu stellen und exakt zu denken. Ich bin es überdrüssig, Opfer zu sein, mich anzupassen, mit einer Identität aus zweiter Hand zu leben und einen Namen zu tragen, den mir ein Mann ‹verliehen› hat.»

Die Liebe wird zu einem gegenseitigen Geben und Nehmen. Mann und Frau wechseln die Funktionen aus (im Bett und anderswo). Er läßt die Maske seiner angeblichen «Ommi-Potenz» fallen und erlaubt sich, verwundbar und sanft zu sein. Sie hört auf, stets bereit, mitfühlsam und passiv zu erscheinen – sie übt sich, auch hart und stark reagieren zu können. Die Vielfalt des Liebesspiels nimmt geometrisch zu – nur noch die jeweilige Stimmung bringt den Entscheid über «männliches» oder «weibliches» Verhalten. Androgyne Liebende, selbst wenn sie monogam leben, erfahren eine Vielfalt der sexuellen Beziehung, die den rollenverhafteten Playboys, Playgirls und «Kriegern» unbekannt bleiben. Im Rahmen des Vertrauens und der gegenseitigen Hilfe bei der Individualisierung des Einzelnen entdeckt das androgyne Paar den Zweck seiner Beziehung im Hinblick auf die Erforschung der Vielfalt aller Dinge.

Androgynie bildet den Schlußpunkt auf dem Weg zur Individualität. Der androgyne Mensch transzendiert die Schizophrenie kulturellen Rollenverhaltens und führt im eigenen Selbst zur Wiedervereinigung bisher verleugneter Eigenschaften. Die individuelle Freiheit beginnt, wenn alle die bisher den andern zugesprochenen Rollen (Helden, Wüstlinge, Madonnen, Huren, Heilige und Sünder) im eigenen Bewußtsein durchgespielt werden können. Im meinem Selbst erkenne ich jede andere Selbstheit, die auch *ich* bin. Nichts Menschliches ist mir fremd. Die Individualisierung endet mit der Erkenntnis, daß das Einzelne das Allumfassende enthält.

Das Königreich des Lichts

Die Landschaft

Nachdem er endlos, monate- oder jahrelang die steilen Gebirgskämme im Königreich der Reinigung erklommen hat, erreicht der erschöpfte Reisende eine von sanften Winden bestrichene Höhe. Plötzlich versperren keine Gipfel mehr den Weg – das Auge nimmt nur noch azurblauen Himmel wahr, der am Horizont in grenzenlose Transparenz übergeht. Das Bewußtsein hat den Höhepunkt erreicht; der «Mind» ist für alles offen, was sich über und unter uns befindet.

Entzückt beobachtet der Wanderer, wie sich das gesamte Universum in eine Symphonie von Licht auflöst. Die Sonne ist fast blendend hell, ihre goldenen Strahlen widerspiegeln sich auf den silbernen Schneefeldern. Jeder Windstoß läßt Milliarden Schneekristalle in allen Farben des Regenbogens erglitzern – das Licht treibt mit den Wolken ein gigantisches Formen- und Schattenspiel, während die bereits durchwanderten Königreiche nur noch als Kaleidoskop von Farbe zu erkennen sind. Grüne Wälder, sandfarbige Wüsten und türkisblaue Seen offenbaren deutlich die Umwandlung von Licht und Farbe.

Für einen Augenblick holt uns die Ewigkeit ein – Zeit und Raum schwinden, und wir erleben eine Vision. Ekstase, Erleuchtung! Das ganze Chaos und all die Nichtigkeiten und Ängste vergangener Tage bewegen sich kontrapunktisch und bilden so einen harmonischen Kosmos. Plötzlich hat das Leben Sinn; der Zweck unserer Wanderung wird deutlich. Was hier wahrgenommen wird, läßt sich nicht in Worte fassen, mögen sie noch so allumfassend und gewaltig sein.

Das Selbst erkennt sich selbst. Und was ist dies für ein Selbst, das nur im Umkreis des Lichts, nur in den erleuchtetsten Augenblicken des Bewußtseins zutage tritt? Das menschliche Wesen ist ein Medium, das dem Licht Durchtritt gewährt und es transformiert. Die Weltgeschichte und unser Selbst sind nichts anderes als reines, im Prisma in Spektralfarben zerlegtes weißes Licht; Gestalt gewordene Ewigkeit; in die Fülle eintauchendes Bewußtsein; materialisierter Geist; stoffgewordene Intentionalität. Das Selbst und die Welt werden als Wesenheit unterschiedlicher Dichte und als vergängliche Konstellationen materialisierten Lichts erlebt – als Energieumwandler. Man unterscheidet nicht mehr zwischen ich und es, innen und außen, Ursache und Wirkung, Zeit und Ewigkeit, oben und unten. Das Selbst verschmilzt mit dem kosmischen Licht.

Auf dem höchsten Punkt des Bewußtseins angelangt, brechen die Wanderer sehr oft in unbeherrschtes Lachen aus. Von ferne scheinen die niedriggelegenen, bereits durchwanderten Königreiche Spielfelder zu sein. Das Sichbemühen um Sicherheit, die endlose Fehde, die Suche nach Ruhm wirken lächerlich und absurd. Vieles am Lauf der Welt ist nichts als Trugschluß. Selbst das eifrige Streben auf die Höhe des Bewußtseins ist anscheinend bloß ein Scherz. Die Einheit, nach der wir bis anhin gesucht haben, war stets vorhanden. Wir erkennen, daß der verlorene Sohn die Heimat nie verlassen hat, weil auch das «ferne» Land zu den Gefilden des Vaters gehört. Unsere selbstaufgebaute und dann zerstörte Persönlichkeit ist gleichsam ein Spiel, das wir mit uns selbst gespielt haben.

Die Aussagen unterscheiden sich je nachdem, wie lange der Wanderer auf der höchsten Höhe verweilt. An der Uhrzeit gemessen, bleiben die meisten nur einige Minuten oder Stunden – kaum einer verharrt für Jahre. Einige, die dort oben angelangt sind, behaupten, daß es keinen Gipfel gäbe, und sie verneinen sowohl ihre Ankunft als auch ihre Abreise. Alles, was wir mit Sicherheit sagen können, ist, daß jene, die von den Höhen zurückkehren, eine innere Ausstrahlung und ein Leuchten in den Augen aufweisen, die eine lichtvolle Begegnung zu widerspiegeln scheinen.

Die vereinigende Vision: Der erotische Kosmos

Das Königreich des Lichts wird auf dem Höhepunkt des Bewußtseins zum Ort der Erleuchtung oder der Vision vor Gott. Die verschiedenen Religionen und Philosophien beschreiben diese Erfahrung auf unterschiedliche Weise. Im Tantra bildet das dritte Auge in der Mitte der Stirn das Symbol und die Stelle der ersten Erleuchtung (savakalpa samadhi), in deren Verlauf der

Suchende in Ekstase die Einheit zwischen dem Selbst und dem Absoluten erkennt. Griechische Philosophien gaben ihrer Vision Ausdruck, indem sie versicherten, daß wir in einem vom Logos (Vernunft) regierten Kosmos und nicht in einem pluralistischen Chaos leben würden. Die östlichen Mystiker betonten die substantielle Einheit von Atman und Brahman, während die christlichen Mystiker von der Einheit des göttlichen Auftrages an den Menschen oder vom Willen Gottes und dem Willen der Gläubigen sprechen. Da sich der Begriff «Energie» des heutigen Geistes bemächtigt hat, sprechen die Esoteriker von einer vereinenden Vision im Sinne der Erkenntnis, daß das gesamte Universum von einer einzigen Energie belebt wird.

Ungeachtet der Zeugenaussagen von Visionären aller Zeiten und Kulturen herrscht heute vielerorts Skepsis gegenüber der Gültigkeit mystischer Einheitserfahrung. Viele bezweifeln, daß es das Königreich des Lichts überhaupt gibt. Freud verlieh einer bestimmten Richtung dieser Bedenken wie folgt Ausdruck: Es handelt sich um eine Projektion, um ein Wunschdenken infantiler Geister, welche die Wahrheit nicht akzeptieren können, daß wir Waisen in einer Welt des Zufalls sind. Marx erklärte: Religion ist Opium, Ideologie ein Schlafmittel, das unser Bewußtsein sozialer Ungleichheit und Ungerechtigkeit trübt.

Gewiß, die Geschichte hat uns oft genug bluttriefende Kreuzzüge, Inquisitionen, Fünfjahrespläne und «gerechte», von Gläubigen ausgefochtene Kriege beschert, als daß nicht jeder verdächtig wäre, der im

Namen Gottes, des Seins oder der Geschichte spricht. Der Schritt von der vereinenden Vision zu fanatischer Schwärmerei ist kurz. Jene, die einen kurzen Blick auf das Absolute erhaschen, neigen dazu, Absolutisten zu werden, *ex cathedra* zu sprechen und ihre Vision anderen aufzudrängen. Mystik – politische oder kirchliche – entartet rasch zu geistiger Tyrannei. Die Kinder des Lichts genießen es, die Kinder der Dunkelheit aufzuspüren und zu zerstören.

Aber die Gefahren der Mystik sollten uns nicht vor der Suche nach der Vision abhalten. Falsches Gold täuscht bloß, weil es richtiges Gold gibt! Eine der schwierigsten Aufgaben, die wir im 21. Jahrhundert zu lösen haben werden, ist die Bildung einer neuen – nicht repressiven, nicht autoritären, undogmatischen – Art und Weise, über die «höchsten» Formen menschlichen Bewußtseins zu denken und zu sprechen. In einer von Konkurrenz- und Wettbewerbs-Ideologien (wirtschaftlichen und politischen Göttern) gefährlich geteilten Welt benötigen wir dringend eine allen zugängliche Sprache, um die Vision des einen Kosmos in Worte fassen zu können. Wir müssen unsere alten Religionen entmythologisieren und unsere philosophische Sprache in neuzeitliche Ausdrucksformen übersetzen. Bei allem Bemühen kann das Königreich des Lichts positivistisch oder militant weltlichen Geistern nie auf befriedigende Art und Weise erklärt werden. Der Zynismus errichtet seine eigenen Gefängnismauern, aber wir könnten hinsichtlich der prospektiven Erfahrung des Menschen eine Denkweise pflegen, welche die Aussagen der Mystiker aller Zeiten glaubwürdig erscheinen läßt, wonach dieselbe Liebe, die uns Beatrice folgen läßt, auch den Morgenstern bewegt. Wenn wir den Spuren des Eros in all seinen zahlreichen Wandlungen nachgehen, gelangen wir möglicherweise zu einer Vision der Verbindung allen Seins. Versuchen wir diese Übertragung in ein neuzeitliches Idiom, indem wir nochmals die Geschichte vom aufsteigenden Bewußtsein aufgreifen, so wie wir es an der Grenze zum Königreich der Reinigung hinter uns gelassen haben.

Aus dem Prozeß der Ernüchterung und der Reue ging ein transpersonales Selbst hervor. Indem wir die Polaritäten, Widersprüche und die einander widerstrebenden Sub-Persönlichkeiten in uns selbst genau betrachten, stoßen wir im Verlauf der Beobachtung auf die Fähigkeit, unsere alte Identität zu transzendieren. Karen Horney meinte hierzu, daß wir das wirkliche Selbst entdecken – jenes Selbst, das nicht die Stimmungsschwankungen des neurotischen Systems miteinbezogen hat. Nach Aristoteles' Ansicht entdecken wir ein Ich, das viele Aussagen zu umfassen vermag. Nach taoistischer Aussage erfahren wir das Zusammentreffen, die Übereinstimmung dualistischer Begriffe wie Yin und Yang, Zorn und Gelassenheit, männlich und weiblich.

Aber das erst kürzlich entdeckte Selbst ist nach wie vor allein. Das autonome Selbst steht außerhalb der gesellschaftlichen Definition von Gut und Böse, außerhalb der Masken unserer Persönlichkeit, aber immer noch im Bannkreis eines unangenehm vielschichtigen Kontextes. Im Innern mag Einheitlichkeit vorhanden sein – aber außen herrscht Chaos. Wenn die «psychologische» Krise überwunden ist, beginnt die metaphysische Krise. Ist das einzelne Selbst ein Bollwerk von Sinn und Zweck in einer sonst sinnlosen Welt? Findet sich hier keine Verbindung zwischen dem Selbst und dem Kosmos? Sogar ein ganzes, ein in Einheit ruhendes Selbst vermag in einer total aufgespaltenen Welt nicht zu leben. Ohne die Vision einer gewissen kosmischen Einheit sind wir zur Schizophrenie verdammt. Sowohl die Gnostiker als auch die Existentialisten versuchten, das eigentliche Selbst gegen ein feindliches Universum auszuspielen. Keine von beiden vermochten im Selbst genügend Einheit zu schaffen, um einer vollständig aufgespaltenen Welt Widerstand zu leisten. Entfremdung kann nur dann geheilt werden, wenn wir auf einen kosmische Verbindung stoßen, die dem Selbst das Wiedererlangen des Urvertrauens ermöglicht. Gabriel Marcel bringt dies in einem seiner Theaterstücke mit folgenden Worten zum Ausdruck: «Letztendlich gibt es nur ein einziges Leiden – allein zu sein.» Sich vom Kosmos abgetrennt zu wissen, ist eine Bürde, die selbst ein reifes Selbst nicht zu tragen vermag.

Das wachsende Bedürfnis nach einer vereinenden Vision ist keinesfalls eine metapysische Krücke für jene, denen es an Stärke mangelt, um ohne Illusion leben zu können. Es ist vielmehr ein Gebot des Verstandes. William Janes hat gezeigt, daß die menschliche Vernunft stets eine unablässige Hin- und Her-Bewegung zwischen der Menge und dem Einzelnen, Pluralismus und Monismus miteinbezieht. Was wir als «Gefühl der Vernunft» bezeichnen, hält unausgesetzt die Waage zwischen zwei Verlangen: unserer Leidenschaft, zu unterscheiden und Dinge in ihre Bestandteile zu zerlegen, und der Leidenschaft, zu vereinfachen und das vereinigende, die Dinge verbindende Prinzip zu finden. Unumschränkter Pluralismus führt zu völligem Sichverlieren, während uns unbedingter Monismus zu einem monotonen Gefängnisdasein verurteilt, wo die Einzelpersönlichkeiten zu Abbildern allgemeingültiger Prinzipien degradiert werden. Ohne Vielfalt keine Würze – ohne Einheit keine Sicherheit. Oder landläufig ausgedrückt: «Man sollte alles gehenlassen und zugleich zusammenhalten können.»

Der Begriff «Gott» dient als übliche Beweisführung für die Einheit des Kosmos. Nahezu jedes Zeitalter wies skeptische und kritische Geister auf, welche die anthropomorphen Elemente in der Umschreibung des göttlichen Elementes verabscheuten und durch vermehrt abstrakt philosophische Begriffe zu ersetzen suchten. Aber wir dürfen uns durch diesen im Grunde genommen geringen Unterschied zwischen der «einfachen» und der «kultivierten» Sprache nicht verwirren lassen. «Urgeist», absoluter Geist, Natur, kosmisches Bewußtsein, Engerie, Lebenskraft und jede andere in Verbindung mit nicht-theistischen Visionen immer wieder genannte Bezeichnungen, sind alles Pseudonyme für Gott. Sie führen den philosophischen Auftrag, die Verbindung zwischen Selbst und Kosmos zu bestätigen, zu Ende: Unser Sein ist ein Teil des gesamten Seins; unser Bewußtsein ruht im Innern jenes Bewußtseins, das alle Dinge umfaßt; unser individelles Leben ist nur ein kurzlebiges Moment der universellen Lebenskraft. Im Bewußtsein um Gott und seine zahlreichen Erscheinungsformen ruft das Selbst: «Ich bin nicht allein!»

Zum Verständnis der religiösen Vision von Gott (oder die entsprechende philosophische Vision des Absoluten) mag foldende Maxime beitragen: Was das bezeugende Bewußtsein für die Pluralität des Selbst, das ist Gott für die Pluralität der Welt. Die Vielheit stellt eine Art Hierarchie dar, dessen vereinigendes Prinzip im Gipfelpunkt mündet. Die Einheit (Verbindung) des gesamten Seins wird erst im Rahmen einer Vision von Gott ersichtlich. Erst am höchsten Punkt im Königreich des Lichts stellen wir fest, daß die «niedrigsten» Königreiche Etappen auf dem ansteigenden Weg zu Bewußtsein und Liebe sind. Die Wirklichkeit ist eine «große Kette des Seins», die – erstens – von Gott, ihrem höchsten Bindeglied, ihrem geistigen Quell und – zweitens – vom innewohnenden oder imanenten Geist verbunden wird. Das Innerste des kleinsten Atoms widerspiegelt die alles durchdringende Kraft des Höchsten. Das Bewußtsein durchdringt alles. Griechische Philosophen und später christliche Apologeten begründeten diese Verbindung des Einzelnen mit dem Gesamten, indem sie sagten, daß der göttliche Logos dem kleinsten Bestandteil der Schöpfung innewohne. Die modernste Neuformulierung dieses Gedankens ist Karl Pribrams Konzept, wonach der menschlische Geist ein Hologramm ist, das in chiffrierter Form sämtliche kosmischen Informationen enthält (so wie in der DNS jeder Körperzelle sämtliche Informationen vorhanden sind, die zur Koordinierung der Funktion jeder anderen Zelle im Körper benötigt werden).

Wenn sich «das dritte Auge» öffnet, erkennen wir blitzartig das Mitschwingen des Kosmischen im individuellen Leben. Der Ozean ist in jedem Tropfen enthalten! Der Impuls, der meine Wirbelsäule durchströmt, ist ein Widerhall derselben Energie, die den Nebelfleck außerhalb der Milchstraße durchdringt. Die Sphärenmusik umfaßt unzählige Weisen: Sie reichen angefangen vom Wasserstoffatom bis hin zu meiner eigenen Wesenheit.

Die «Vision von Gott» ist zwangsläufig eine äußerst seltene Erfahrung, in deren Verlauf die zur Aufrechterhaltung unserer Individualität notwendigen Grenzen für kurze Zeit schwinden. Ich erkenne, daß ich eine Zelle des kosmischen Körpers bin – vielleicht in dessen Leber oder Herz. Aber – wie die Leberzelle – muß «ich» schnellstens wieder zur begrenzten Sichtweite zurückkehren, da ich sonst meinen Zweck innerhalb des ökonomischen Ganzen nicht erfüllen kann. «Normales» Funktionieren erfordert, daß das Bruchstück mit dem Ganzen zwar verbunden ist, sich dessen aber nicht gewahr wird. Jeder einzelne Mensch ist gleichsam ein kosmisches Arbeitspferd, dessen Scheuklappen einen winzigen Augenblick lang abgenommen werden, um den Blick für eine Vision des universellen Ziels freizugeben, mit dem wir üblicherweise nicht zu leben vermögen. Wenn Hegels Worte zutreffen, wonach «die Wahrheit das Ganze ist», so bedeutet das zersplitterte, fragmentierte Dasein eine Existenz in Unkenntnis um das Wahre.

«Die Wahrheit ist ein bacchantisches Gelage, bei dem keine Seele nüchtern bleibt.» Die blitzartige

Erleuchtung, die uns das Gesamte, mit dem wir verbunden sind, erkennen läßt, ist für das volle Menschsein ebenso notwendig, wie es unmöglich ist, daß sie über längeren Zeitraum fortdauert. Die außergewöhnliche Erleuchtung ist es, die uns im gewöhnlichen Dunkel vertrauensvoll weiterleben läßt.

Jede Religion hat die zentrale Bedeutung der individuellen Vision für das menschliche Dasein erkannt und weiß, daß letztere nicht aufrecht erhalten werden kann. Die Erleuchtung kann nicht eingefangen werden. Jene spirituellen Techniken, die im Umkreis mystischer Erfahrung aufblühen, sind Mittel und Wege, um so nahe in der Umgebung des Heiligen zu verweilen, daß das normale Leben einen gewissen Abglanz der Vision von Gott widerspiegelt. Heilige Gesänge, Gebete, Rituale, Meditation, Hymnen, Tanz und all die andern religiösen Bräuche erinnern an die kosmische Einheit, die wir im Streben nach Individualität notwendigerweise vergessen. Sie bieten uns Möglichkeiten an, mit der Spannung zwischen dem Individuellen und der Vielfalt des Lebens umzugehen und hierfür Dankbarkeit zu empfinden.

Ein Beispiel möge genügen. Atem, Wille und Feuer sind im religiösen Bereich gebräuchliche Metaphern.

Durchatme mich, Atem Gottes,
Bis mein Herz rein ist,
Bis ich mit deinem Willen eins bin,
Immerdar
Durchatme mich, Atem Gottes,
Bis ich mit dir eins bin,
Bis dieser irdische Teil meines Selbst
In deinem göttlichen Feuer leuchtet.

Im Augenblick der Vision wird der menschliche Atem als mit dem göttlichen Geist eins erlebt. Sein bedeutet Erleuchtung. Der menschliche und der göttliche Wille – und das damit verbundene Ziel – beruhen auf demselben Impuls. Und all dies kann als Licht, Feuer oder Leidenschaft erlebt werden. Erleuchtet ist die Wiedererlangung universeller Leidenschaft – wenn sich das dritte Auge öffnet, wird der Eros von der genitalen Tyrannei befreit, die ihm von der Kultur aufgezwungen wurde. Die kosmische Erotik nimmt ihren Anfang. Sexualität und Religion verbinden sich erneut. Diesem Phänomen gilt unsere nächste Betrachtung.

Kosmische Erotik: Die Welt als Schauplatz des göttlichen Eros

In der tantrischen Mythologie umfaßt die Erleuchtung stets den gesamten Kosmos als Spiel der göttlichen Energie; die Welt ist das Spiel Gottes (Lila). Wenn wir den Berg des Bewußtseins erklimmen und im Königreich des Lichts angelangen, erleben wir erneut gewisse Perspektiven des Königreichs des Spiels. Die Vision des sechsten Chakras hat eine Reinigung zur Folge und macht sich die Spiel- und Sexualitätsenergie des zweiten Chakra zunutze. Der Eros wird transformiert, da er nicht mehr als subjektives sinnliches oder sexuelles Verlangen erfahren wird, sondern als göttliche Energie, welche die zahlreichen Phänomene zu einem einzigen Spiel vereint. Unter diesem neuen Aspekt wird sexuelles Begehren als eine Art ontologische Anziehungskraft erlebt. Tillich erklärt die Liebe als «ontologische Anziehung in Richtung der Wiedervereinigung des Getrennten». *Sämtliche* Formen geheiligter oder profaner Liebe sind Spielarten des göttlichen Liebesspiels.

Um dem heutigen Menschen jene Vision, die das Selbst und die Welt in einem einzigen göttlich-erotischen Kosmos vereint, nahezubringen, müssen wir die langandauernde Fehde zwischen «sexuellen» oder irdischen und «spirituellen» Deutungen des Lebens ins Auge fassen.

Religion und Sexualität stehen in enger, immer wieder gestörter Beziehung zueinander. Beide wurzeln in stummer Ekstase; beide beruhen auf Erfahrungen, in denen das Selbst der Kontrolle entgleitet und einer Kraft unterliegt, die dem Ego überlegen ist. Beide gehören zu den wünschenswertesten und zugleich ehrfurchtgebietendsten menschlichen Erfahrungen.

Unglücklicherweise erreicht ein menschliches Lebewesen selten jene Stufe der Selbstbilligung (self acceptance), die beiden Erfahrungen – der Religion und der Sexualität – in ein und derselben Psyche Platz einräumt. Weil wir weder unschuldig noch stark genug sind, zwingen wir uns gewöhnlich zur Wahl zwischen den Ekstasen des Fleisches und jenen des Geistes. Der Zwiespalt zwischen dem Geheiligten und der Erotik ist in der Religionsgeschichte viel zu groß, als daß man an eine mühelose Vereinbarkeit glauben könnte. Letzteres bleibt wohl nur den allergrößten Optimisten vorbehalten. Dennoch ist es von höchster Bedeutung, ob uns die Heilung der menschlichen Seele gelingt, auf daß sie jene vereinigende Vision wahrnimmt, die uns sowohl den Genuß als auch die Transzendenz der Sinneslust gewährt.

Es gab religiöse Traditionen, welche die Sexualität heiligten und sie als einer der erhabensten Wege zur transzendierenden Vision verherrlichten. Viele «primitive» Völkerschaften erachteten alles als Verbindung männlicher und weiblicher Kräfte und ritualisierten den Geschlechtsverkehr im Sinne einer Verehrung der göttlichen bisexuellen Wirklichkeit. Im Taoismus bildete das sexuelle Verlangen einen spezifischen Bestandteil der Anziehungskraft von Yin und Yang. Der Tantrismus verkörpert eine etwas elegantere Ausdrucksform dieser traditionellen kosmischen Erotik. Die westlichen Hauptreligionen (Christentum, Islam und etwas gemäßigter auch das Judentum) betrachteten die Sexualität mehr oder weniger nur unter dem Aspekt der Lust. Mit Ausnahme gewisser Mystiker dubioser orthodoxer Gesinnung wie John Donne oder William Blake vertrat die Hauptlinie der christlichen Kirche stets die Meinung, daß die «niedrigen» Sinnesbegehren um so mehr wegfallen müssen, je «höhere» spirituelle Stufen erreicht werden. Es gibt nur wenige Heilige, die auf irgendeine Weise mit Sexualität in Zusammenhang gebracht werden können. Aus verschiedenen Gründen ist die in der Lehre vom Göttlichen stets betonte psychosomatische Einheit von Individuum und Sexualverhalten in der christlichen Theologie verlorengegangen, als die Kirche einer dualistischen Moral Vorschub leistete, die Körper und Geist voneinander trennte. Christlicher Moralismus und viktorianische Prüderie schufen gemeinsam ein Erbe der Schuld, das bis zum heutigen Tag auf das sexuelle Verhalten einwirkt.

Aber lassen wir den geschichtlichen Aspekt beiseite und wenden wir uns der Zukunft zu. Wie können wir das Geheiligte und die Erotik, Geist und Körper zu einem integralen Ganzen vereinen? Hier stellt sich unter dem Aspekt des Königreichs des Lichts eine neue Frage: Wie sieht das Sexualleben eines Heiligen aus? Anders gesagt: Wie transformiert der Verlust der Grundparanoia – jener unüberprüfbare Träger kulturellen Lebens – unsere erotischen Energien? Oder dieselbe Frage theologisch formuliert: Welche erotischen Momente impliziert die zentrale christliche Vision vom fleichgewordenen Geist? Handelt es sich hier um eine tantrische Form des Christentums? Bevor wir diese Fragen näher untersuchen, sollten wir uns in Erinnerung rufen, daß der Streitpunkt um den erotischen Aspekt visionärer Lebensführung unvermeidlich aus den vier Voraussetzungen folgert, die diesem Buch zugrunde liegen:

1. Die menschliche Psyche erlangt ihre vollständigste Entfaltung über den Anstieg zu stets größerem universellen Verständnis und Mitgefühl.
2. Jede Stufe auf diesem Weg, jedes Königreich der Liebe, weist eine charakteristische Philosophie und eine psychologische Richtungsbestimmung auf.

3. Jede philosophische und psychologische Haltung formt den Körper (Verteidigungsmechanismen sind Körperpanzerungen).
4. Die Beschaffenheit unserer Motivation (unser Verlangen oder der Eros) wechselt jedesmal, wenn wir die Welt auf vermehrt umfassende – miteinbeziehende – und mitfühlende Weise erleben.

In Norman O. Browns Schriften *Zukunft im Zeichen des Eros* und *Love's Body** finden sich zeitgemäße Anhaltspunkte zu jener Transformation, die den Eros ins Kosmische wandelt.

Im Rahmen einer verzweigten und differenzierten Analyse weist Brown nach, wie die Psyche des westlichen Menschen geformt wurde: Man beschränkte die Erlebnisfähigkeit ekstatischer Freude auf die Genitalien und desensibilisierte den gesamten restlichen Körper. Wir sind von der genitalen Sexualität besessen, weil sie uns als einzige erotische Freude übrigblieb, nachdem wir unsere Körper, unsere Zeit und unsere Energien einem von zwanghafter, entfremdeter Arbeit bestimmten Leben geopfert haben. Wir schinden unser Selbst, indem wir unser Leben auf abstrakten Begriffen aufbauen und die Daseinsfreude einer Anhäufung von überflüssigem Besitz opfern. Wir leben stets für das Morgen, wir verschieben unsere «Belohnung», indem wir uns versprechen, das Leben nach getaner Arbeit zu genießen, und wir opfern unsere Gegenwart

* In der Übersetzung wurde der englische Originaltitel beibehalten.

einer imaginären Zukunft. Wir sind alle wie jene Gestalt in *Warten auf Godot*, die auf die Frage, ob sie an das kommende Leben glaube, antwortete: «Meines ist stets vorbei.»

Unsere Augen sind so starr auf Ziele gerichtet, daß wir beim Anblick einer Rose nicht mehr staunen können. Unsere Ohren sind so sehr an Geschwätz, Propaganda und Zweckgerede gewöhnt, daß wir dem Wind nicht mehr zuhören (ein polynesischer Fischer vermochte ein Boot tausend Meilen weit zu führen und die Richtung mit Hilfe der wechselnden Wind- und Wellenbeschaffenheit zu bestimmen). Unsere Nasen sind von der industriellen Luftverschmutzung, von Zigarettenrauch und Deodorants so arg verstopft, unsere Lungen vom oberflächlichen, schnellen Atmen derart verengt, daß wir den Geruch des Lebens nicht mehr wahrnehmen können. Die Erregungszentren im Gehirn, die direkt vom Geruch stimuliert werden, liegen brach. Unsere Körper sind – kurz gesagt – zu erotischen Einöden geworden und zahlreicher sinnlicher Freuden beraubt. Den Genitalien hat man in dieser Wüste gleichsam die Rolle der Oase zugesprochen; wir erwarten, daß uns Sex für das geschändete Leben unserer übrigen Sinne entschädigen würde. Ein Unbekannter drückte dies wie folgt aus: «Sex ist das einzig Blühende, das in dieser Welt aus Stahl und Beton übriggeblieben ist.» Als Freud nach den Tugenden reiferer Lebensjahre gefragt wurde, antwortete er: «Liebe und Arbeit.» Was – so könnte man erwidern – ist denn aus Spiel und Staunen, Beschaulichkeit und Freude geworden?

Brown glaubt, daß die Zeit der Regeneration der Psyche gekommen ist: wir sollten nach dem Prinzip der Freude leben, unseren ganzen Körper wieder aufleben lassen und «polymorph pervers» werden. Alle unsere Sinne sollten von unserer Besessenheit nach Erlangen und Besitzen befreit werden. Wenn wir unseren Körper und unseren Geist erotisieren wollen, gilt es, die Tyrannei des Königreichs des Besitzes zu brechen. Brown gibt einige Ratschläge, wie wir diese psychologische Revolution verwirklichen könnten. All die vielen Kritiker, die darauf hinweisen, daß er Bisexualität, Homosexualität oder Promiskuität befürworte, schießen am Ziel vorbei. Zumindest versucht Brown, den Eros von der genitalen Fixierung zu lösen, und eröffnet Perspektiven auf ein Leben, das die Beziehung zur gesamten Umwelt in einer Stärke impliziert, die bis dato nur der genitalen Verbindung vorbehalten war. Der erleuchtete Mensch ist ununterbrochen mit dem Kosmos verbunden. Körper und Außenwelt sind nicht mehr getrennt. Ich, Du und Es sind Teile des gleichen Ganzen. Das Entscheidende ist dabei keineswegs das Aufgeben der genitalen Sexualität, sondern deren Beendigung als alles beherrschende Form des Geschlechtsverkehrs. Die Vision von der Einheit aller Dinge zeigt, daß die Vereinigung ein grundlegendes Prinzip des Universums bildet – es handelt sich dabei nicht um ein Vorgehen, das «vollzogen» werden muß.

Zahlreiche Metaphern, Bilder und Symbole aus anderen Traditionen werfen ein Licht auf diese höchste Stufe der Transformation des Eros. Wenn wir uns mit einigen dieser Begriffe beschäftigen, gelangen wir möglicherweise näher zum Verständnis für kosmische Erotik.

Die christliche Tradition anerkennt viele Formen der Liebe: Eros, Philia, Charitas, Agape. Der Eros wird als niedrigere, rein menschliche Form der Liebe erachtet, die stets von einer gewissen Begierde oder einem Bedürfnis bestimmt wird. Am Anfang steht stets ein Mangel: «Ich will, ich brauche, ich begehre dich, weil ich ohne dich unvollständig bin.» Agape hingegen ist die Liebe Gottes, die aus der Fülle schöpft und vom Gegenstand seiner Liebe nichts begehrt. Es handelt sich um eine überströmende, gebende Form der Liebe. Obwohl der Quell von Agape göttlich ist, können Menschen damit begnadet sein. Es besteht die Möglichkeit, daß wir uns über die von Bedürfnis, Besitz und Eroberung bestimmte Lebenseinstellung hinaus erheben und die Welt aus gottähnlicher Perspektive wahrnehmen. Diese gottgleiche Sicht wird oft als Fähigkeit, mit dem Herzen zu sehen, oder als Fähigkeit, ins Innere der Dinge einzudringen, umschrieben. Als von der Kultur geformte Wesen schenken wir stets dem Äußeren – dem Erscheinungsbild – Beachtung. Fetische beherrschen unsere Erotik. Die Werbeindustrie *formt* das Idealbild, wie das begehrenswerte Liebesobjekt auszusehen hat: Wenn du schön bist, wirst du geliebt werden! Agape ermöglicht den Blick hinter die äußere Erscheinungsform, über alles hinaus, was wir durch unsere Liebe zum Partner gewinnen könnten. Agape läßt uns das *wesentliche* Sein des Anderen erkennen. Zufälligkeiten oder Prädikate (er oder sie ist alt/jung, häßlich/schön, reich/arm, gescheit/dumm usw.) sind für den

Liebenden in Agape keine Aphrodisiaka.

Wir müssen nicht unbedingt den gesamten mythischen Überbau der christlichen Theologie befürworten, um an Agape teilzuhaben. Uneingeschränktes Einfühlungsvermögen – die Essenz von Agape – ist allumfassend. Die menschliche Imagination kann sich in jeden denkbaren Gegenstand versetzen. Wir alle sind vielgestaltige Wesen; wir wechseln unsere Form mehrmals täglich. Normalerweise stehen wir in einem «fließenden» Verhältnis zu uns selbst. Eine Mutter beobachtet, wie der Arzt eine Injektion für ihr Kind vorbereitet. Sobald die Nadel die Haut des Kindes berührt, schreckt die Mutter zurück. In der Tat hat sie in diesem Augenblick die Identität mit ihrem eigenen Körper aufgegeben und sich in den ihres Kindes hineinversetzt. Diese Fähigkeit des Sicheinfühlens war in dem indischen Mystiker Ramakrishna (1836 – 1886) so stark entwickelt, daß sich beim Anblick eines ausgepeitschten Dieners an seinem ganzen Körper sofort Striemen zeigten. Experimentell ist unser Körper ein formbares Medium, das sich in diesem Moment in der Hülle der Haut befindet, im nächsten Augenblick aber auf ein anderes Wesen – einen Baum, einen Menschen – übergehen kann. Wir sind polymorph; vielgestaltig. Ein einfühlsamer Körper befindet sich stets in Metamorphose. Die einfache Physik erklärt den Körper als eine Ansammlung von Atomen mit unterschiedlichen Schwingungsfrequenzen, die sich in steter Wechselwirkung mit ihrer ebenfalls aus Schwingungen bestehenden Umwelt befinden. Im physikalischen Universum findet sich keine Isolierung. «Einfühlungsvermögen» und «Agape» sind psychologische Umschreibungen des Bewußtseins um diese gegenseitige Verbindung.

Wieweit diese Fähigkeit, sich in andere Wesen einzufühlen, zur Geltung kommen kann, ist eine umstrittene Frage. Niemand würde in Abrede stellen, daß wir uns mittels unserer Vorstellungskraft in ein anderes Sein hineinversetzen können. Aber der Begriff «Vorstellungskraft» läßt folgende ontologische Frage unbeantwortet: Worauf beruht in Wirklichkeit jene Intersubjektivität, die uns das geistige Bild, sich in einem anderen Körper «zu befinden», überhaupt ermöglicht? Sind wir alle, wie Gabriel Marcel glaubt, in einem intersubjektiven Zusammenhang miteinander verknüpft? Sind sämtliche bewußten Wesen auf eine Weise miteinander verbunden, die wir noch nicht begreifen?

Die Sprache der esoterischen Psychologie versuchte, die vielgestaltige Beschaffenheit solcher Bewußtseinserfahrungen mit Begriffen wie «außersinnliche Wahrnehmung», «außerkörperliche Erfahrung» und «Astralreise» zu umschreiben. Wir müssen uns keineswegs mit komplizierten psychologischen Untersuchungen befassen, um zu erkennen, daß diese Begriffe den Glauben an unser absolutes Einfühlungsvermögen und an unsere mitfühlende Verbundenheit mit der Welt unterstützen. Je einfühlsamer, aufgeschlossener und empfindsamer unsere Körper werden, um so größer wird das Spektrum unseres Wissens. Ein gottähnliches oder auf Agape beruhendes Bewußtsein wäre gewiß polymorph genug, um sich in jede Wesenheit (sollte man sagen «imaginär»?) versetzen zu können. Nur der eingeschränkte, Ego-gebundene, in seiner Persönlichkeit eingekapselte Mensch ist an das begrenzte Wissen eines einzigen Körpers gebunden; aus diesem Grunde wird er vom Bedürfnis nach der ergänzenden Verbindung mit dem fremden Gegenüber getrieben. Auf der untersten Stufe besteht das Wissen aus dem Bewußtsein um unser Teilhaben an der Wirklichkeit des Anderen. Nichtwissen beruht auf der Illusion unseres Abgetrenntseins.

Wie weit können wir die menschliche Erfahrung in diese Richtung vorantreiben? Wie stark vermögen wir die Fähigkeit zu entwickeln, die Grenzen unserer individuellen Körper (Interessen, Standpunkte, Ideologien, Verteidigungsmechanismen) hinter uns zu lassen, um intuitiv einfühlsam-imaginär-astral andere Körper zu bewohnen? Die einzige Antwort scheint hart am Schnittpunkt des Paradoxons – wo sich Mystik und Erotik verbinden – zu liegen:

Es gilt eine starke Identität zu überwinden.
Je mehr wir unserer einschränkenden Körperlichkeit bewußt sind, um so besser können wir diese transzendieren.
Je sicherer wir uns fühlen, um so mehr wächst unser Mut zum Wagnis.
Höchste Ekstase unseres Selbst erfahren wir, sobald die Schranken des Ego transzendiert sind.
Ich bin am meisten «ich», wenn ich mein Teilhaben an einer Welt außerhalb des Selbst weiß.

Im Rahmen der mystischen und erotischen Erfahrung bleibt die Selbsttranszendenz nur deshalb begrenzt, weil wir nicht zu sterben bereit sind. Tod dem alten Selbst! Werde wiedergeboren! Kreuzige dein Ego, auf daß das neue Selbst auferstehen möge! Dies bildet die Grundbotschaft jeder Religion. Im Bereich der erotischen Erfahrung gilt dasselbe Paradoxon. Jeder Orgasmus bedeutet gleichsam ein kleines Stück Todeserfahrung. D.H. Lawrence bezeichnete Sex als «sanftes Tasten nach dem Tode». Die geliebten und gefürchteten Ekstasen finden dann statt, wenn wir die Schwelle zwischen dem Selbst und dem Andern überschreiten. Da wir unsere Selbstabkapselung und unsere Angst vor dem Tode normalerweise nur mit Widerstreben überwinden, setzen wir unseren sinnlichen und mystischen Erfahrungen Grenzen. Nur wenn wir in der Kunst des Sterbens geübt sind, werden wir wahre Liebende (oder Philosophen, wie Sokrates bemerkte)!

Ob wir religiöse, erotische oder psychologische Begriffe benutzen: Die groben Umrisse der Theorie von Tod und Wiedergeburt lassen sich ohne weiteres aufzeigen. Aber das Umsetzen in die Tat bleibt schwierig! Sowohl Johannes als auch Fritz Perls erinnern uns daran: «Es ist nicht leicht, zu sterben und wiedergeboren zu werden.» Die Vision vom tanzenden Gott, dem wir alle mit unserem ganzen Sein innewohnen, ist ein Vorspiel zur letzten Reise, in deren Verlauf das so schmerzlich erfahrene Selbst in Vergessenheit gerät und sich im Königreich der Gnade auflöst.

Das Königreich der Gnade

Die Landschaft

Das Königreich der Gnade ist überall und nirgends. Erklimmen wir den Berg des Bewußtseins, so kämpfen wir bis zum letzten Augenblick um ein imaginäres Ziel. Plötzlich stehen wir vor dem Nichts. Das Gipfelerlebnis zerstört den Berg. «Jedes Tal soll gehoben, jeder Berg und jeder Hügel geebnet werden, auf daß das Krumme gerade, das Schroffe eben sei.» Wenn wir dort ankommen, gibt es kein Dort (Gertrude Stein). In dem Moment, wo das Selbst die Vision von der Einheit des Kosmos erfährt, löst sich das sehende Auge (das Ich) im Wahrgenommenen auf. Am höchsten Punkt angelangt, erkennen wir den Kampf um den «Gipfel» dieser Welt als Illusion – das Ziel bleibt imaginär. Es gibt weder einen heiligen Berg, auf dem die Götter wohnen, noch eine Weltachse (axis mundi), die Himmel und Erde verbindet. Es findet sich keine bestimmte Wohnstätte Gottes. Kein Tempel, kein Glaubensbekenntnis und kein Ritual vermag das Heilige zu umfassen. Das Eine ist in allem. Das Sein stützt alles Seiende. Das Zentrum findet sich überall. Jeder Tag kann ein religiöser Festtag sein – jeder Ort ein Heiligtum. Zeit ist unbewußte Ewigkeit. Erleuchtung bedeutet Erkennen des in der ganzen Natur und in der gesamten Geschichte waltenden Bewußtseins. Am Ende der Suche sehen wir uns einem Mythos gegenüber: Das, wonach wir gesucht haben, war niemals verloren. Wir befanden uns schon immer mitten in der Ewigkeit des Lebens.

Was geschieht mit den mystischen Wesenheiten, die bisher auf den höchsten Gipfel thronten? Wie das Heilige selbst entschwinden sie unserer Sicht. Der traditionellen Überlieferung gemäß steigen sie nun in die erhellte Welt des Alltags herunter, wo sie heimliche Beschützer, Führer, Heiler und Liebende werden. Als stumme Zeugen für die Heiligkeit des gesamten Lebens wirken sie in Politik, Geschäftsleben, Erziehung, Familie und Kunst. Es sind diese unsichtbaren Heiligen, die uns in Erinnerung rufen, daß jede Tat, die nicht aus Mitgefühl geschieht, auf der Entfremdung unseres Selbst beruht – sie mahnen uns als lebende Parabeln, daß wir staunen und uns freuen sollten.

Ekstatische Selbstaufgabe: Die endgültige Erleuchtung

In der mystischen Tradition wird die endgültige Erleuchtung durch den Glorien- und Heiligenschein um das Haupt des Erleuchteten symbolisiert. Das siebte Chakra befindet sich nicht innerhalb des Körpers, sondern wird als Abglanz des Unendlichen beschrieben, das unser Selbst erfaßt und auflöst. Diese bildhafte Symbolik zeigt uns, daß das Bewußtsein nur dann zum Ziel gelangt, wenn es letztlich als Teil des im

Weltenlauf manifestierten göttlichen Bewußtseins erkennt. Das Selbst schwindet mit der «Herabkunft» des Bewußtseins, welches die Materie – die Inkarnation göttlicher Energie – hervorbringt. Das Erlebnis der endgültigen Erleuchtung, Satori, die Heimkehr des Bewußtseins, läßt sich nicht klar in Worte fassen. Begreift man jedoch die Logik eines solchen Erlebnisses, das wie ein Zersetzungsmittel wirkt, so versteht man zumindest, warum es weder klassifiziert noch treffend beschrieben werden kann.

Bis zu diesem Punkt der Bewußtseinszunahme ist die Wirklichkeit stets als Dualität erlebt worden: Subjekt und Objekt, ich und es, ich und du, Bewußtsein und Materie, Noumenon und Phänomen, Form und Energie. Indem das Selbst Bewußtsein erlangt, wird es sich gleichzeitig seines Bewußtseins gegenüber der Welt – seiner Weltanschauung – bewußt. Die Entfremdung wurzelt im menschlichen Bewußtsein: Das Selbst steht der Welt stets als Fremder gegenüber. Sogar im Bereich sexueller oder mystischer Erfahrungen, die uns mit dem geliebten Wesen oder mit Gott vereinen, dauert der Einklang mit dem andern nur für kurze Zeit. Nach Augenblicken der Ekstase kehren wir zur Bürde unserer Individualität und Isoliertheit zurück.

Genau diese dualistische Erfahrungsstruktur schwindet im Moment der Erleuchtung. Im «unkonditionierten Entzücken» fliegt die Motte zum Licht und verbindet sich mit der Flamme; der Strom des Bewußtseins ergießt sich in den kosmischen «Mind»; das Bewußtsein wird von seinem Objekt verschlungen; das Individuelle schwindet im Ganzen; im Orgasmus verbinden sich zwei Liebende zur Einheit; das Selbst und das «Andere» lösen sich in nichts auf; das Spiel der Dualität hat ein Ende.

Es wundert wohl niemanden, daß der Versuch, dieses unbeschreibliche Ereignis in Worte zu fassen, nur paradoxe und parabolische Formen zeitigt. Das Sternentor (die weiche Stelle am Schädel – die Fontanelle – wo bei der Geburt die Seele Einzug hält) öffnet sich und läßt Licht entströmen. In dieser Helle sehen wir, was wir schon immer wahrgenommen haben. Wir erkennen, daß jenes Auge, mit dem wir Gott sehen, dasselbe Auge ist, mit dem uns Gott wahrnimmt; das Bewußtsein, das uns mit dem Universum verbindet, ist dieselbe Kraft, die alles Einzelne im Gesamten vereinigt. Es gibt keine endgültige Isolierung, kein «ich und du», keine Zeit, kein Individuum, kein «hier und dort». Keiner ist vom andern getrennt. In dem Moment, wo das Ich vom Licht überflutet wird, schwindet es.

Das Selbst löst sich unter Gelächter auf – der Dämon der Ernsthaftigkeit ist zur Strecke gebracht. Warum sollten wir über den kosmischen Witz nicht lachen? Neurosen, Sünden, Selbstabkapselung und Paranoia sind bloß Übernamen für unsere Weigerung, den Witz zu begreifen. Was könnte törichter sein als:

Auf dem Ochsen reitend, nach diesem Ochsen Ausschau halten
Etwas suchen, das nicht verloren ist
Einen nicht vorhandenen Berg besteigen
Sich um Zufriedenheit abmühen
Die Welt aufteilen, um Einheit zu schaffen
Töten um des Friedens willen

Hinter dem Glück herrennen
Um Wohlwollen arbeiten
Entfremdung schaffen, um zu vereinen
Nach Gott suchen, wenn wir auf geheiligter Erde stehen

Wie der Orgasmus, so katapultiert die endgültige Erleuchtung das Selbst in eine ekstatische Vereinigung mit dem «Andern». Das Selbst ist über lange Zeit Schritt für Schritt von Illusionen befreit worden: Ich bin mehr als das, was ich besitze; mehr als Vergnügen, das ich empfinde; mehr als die Macht, die ich ausübe; mehr als das, was ich verehre; mehr als meine Persönlichkeit; mehr als jeder «Gott», dem ich huldige. Im Verlauf dieser Suche nach Identität wird das Selbst zunehmend selbstbewußter, sobald es sich seiner wahren Beschaffenheit erinnert. Im explosionsartigen Moment der Ekstase schwindet diese so sorgfältig aufgebaute Identität; Isolierung und Individualität sind wie weggefegt. Das Selbst stirbt.

Der Gedanke, daß sowohl der Liebende als auch der Mystiker im «Sterben» geübt sei (Selbstaufgabe), ist allgemein verbreitet. Aber all diese Worte über das Erlöschen des Selbst bleiben rätselhaft und erfordern eine pragmatischere oder nachvollziehbare Erklärung. Buddha, Eckhart und Blake aßen, schliefen und sprachen auch nach ihren mystischen Erfahrungen – sie waren ihren Mitmenschen keineswegs entrückt. Wie aber ist das Schwinden ihres Selbst zu verstehen? Welcher Art ist das Leben nach der Erleuchtung?

Das begnadete Leben des mitleidsvollen Liebenden

In der buddhistischen Tradition sind Bodhisattwas Wesen, die Erleuchtung erlangen und kurz vor dem Nirwana umkehren, um auf der irdischen Welt andern den Weg zu weisen. Der Bodhisattwa legt ein Gelübde ab, nicht eher ins Nirwana einzugehen, bevor nicht alle fühlenden Wesen errettet sind. Obwohl von Mitleid erfüllt, kehrt der Bodhisattwa nicht aus Altruismus, moralischer Verpflichtung oder sentimentaler Anteilnahme in diese Welt zurück. Er weiß insgeheim, daß alle Wesen miteinander verbunden sind; er vermag nicht ins Nirwana einzugehen, solange auch nur ein einziger draußen bleibt. Sein Mitleid entspringt einem Bewußtsein um die kosmische Identität. Gewissen und Bewußtsein sind eins. Eugen Debs meinte hierzu: «Solange es eine niedrigere Gesellschaftsklasse gibt, gehöre ich ihr an; solange es Kriminalität gibt, habe ich Anteil an ihr; solange ein Einziger im Gefängnis sitzt, bin ich unfrei.»

Wenn die Illusion vom isolierten Selbst schwindet, werden Eigenliebe und Mitgefühl für jede Kreatur eins: «Ich» bin Teil dieser kämpfenden Masse bewußter und unbewußter Wesen, «denn wir wissen, alle Kreatur sehnt sich mit uns und ängstigt sich noch immerdar» (Römer 8,22). Wir alle hoffen, von der

Knechtschaft erlöst zu werden. Die höchste Form des Eros ist eine Wiederholung der niedrigsten Stufe; der Bodhisattwa verbindet sich ebenso mit allen empfindenden Wesen wie das Kind mit der Mutter. Das absolute Vertrauen in die Intention des Kosmos stellt auf höchster Stufe die Wiederholung des kindlichen Urvertrauens in die Mutter dar. Das Mitgefühl des Bodhisattwa entspringt keineswegs einem Helferwillen gegenüber dem weniger Glücklichen, sondern resultiert aus einer veränderten Sicht der Wirklichkeit. Wir sind alle miteinander verbunden. Einfühlungsvermögen ist keine Tugend – es stellt bloß die Essenz menschlicher Identität dar. Unser Sein formt sich aus unserem Zusammengehörigkeitsgefühl.

Es bleibt kein Zufall, daß sich unser Bewußtsein, auf dem höchsten Punkt angelangt, erneut irdischen Bereichen zuwenden muß. Das Selbst wächst, bis es sich in der Herabkunft der Gnade auflöst. Das individuelle Bewußtsein versteht sich letztlich selbst als Teil der kosmischen Inkarnation göttlichen Bewußtseins. Dann wiederholt es die Pilgerfahrt des Absoluten, indem es sich in das Weltgeschehen einsenkt. Das nun schwindende Selbst sinkt in das Grab der Vergessenheit, um im alltäglichen Leben «wiederentdeckt» zu werden. Die letztendliche Transformation des Eros findet dann statt, wenn die Vision von der Gnade Gottes (die Herabkunft des Bewußtseins in das Weltgeschehen) lükkenlos im Alltag integriert wird. Der Tantrismus besagt, daß wir nach dem Erreichen des siebten Chakras zum ersten zurückkehren müssen. Erhöhtes Bewußtsein beruht auf dem Erkennen des Wunderbaren im Alltäglichen. Herrlichkeit muß im Geringsten entdeckt werden. Die Erleuchtung transformiert die Grundfunktionen des Körpers. Die protestantische Reformation nahm ihren Anfang, als sich die chronische Verstopfung in den Gedärmen Luthers in jenem Moment löste, wo er begriff, daß «der Gerechte seines Glaubens leben wird».

Das absolute Bewußtsein (das untrennbar mit dem Bewußtsein um das Absolute verbunden bleibt) findet sich überall. Eckhart faßte dies wie folgt in Worte: «Wer sich im siebten Himmel in Verzückung befindet und vom Hunger einer alten Frau hört, der soll sein mystisches Erlebnis hinter sich lassen und der hungrigen Kreatur Gottes eine Schale Suppe bringen.» Die Mystik wird zum politischen Moment. Das voll ausgebildete Bewußtsein kehrt von der höchsten Stufe in den Bereich des Herzens zurück, wo es zum Hüter unseres Seins wird.

Wenn wir die Geschichten und Legenden der Bodhisattwas und Heiligen genauer betrachten, in denen die religiöse Imagination die Bedeutung der Gnade sichtbar zu machen suchte, so stoßen wir auf einen seltsamen Widerspruch.

Oft werden «Heilige», Mystiker und spirituelle Menschen als mit wunderbaren Kräften ausgestattete Halbgötter dargestellt. In Tibet und Indien schreibt man den Erleuchteten jedwelche Siddhis (außergewöhnliche Fähigkeiten) zu: Sie können ihren Körper auf ein Atom zusammenschrumpfen lassen oder sich zur Größe des Universums ausdehnen; sie überwinden Raum und Zeit, blicken in Zukunft und Vergangenheit und vermögen ihren Körper an weit entfernte Orte zu transportieren; sie erlangen Unsichtbarkeit, materialisieren oder entmaterialisieren Gegenstände und vollziehen wunderbare Heilungen usw.

Berichte über Wundertaten bereiten uns Mühe. Die eher dramatische Magie der Erleuchteten können wir aber weder unbeachtet lassen, noch vermögen wir ihr vorbehaltlos Glauben zu schenken. Vielleicht wußte Sai Baba tatsächlich goldene Gegenstände aus der Luft zu materialisieren, Jesus wandelte auf dem Wasser, und Ramana Maharshi heilte die Kranken. Es liegt nicht in meinem Interesse, hier den Versuch zu unternehmen, eine klare Trennungslinie zwischen Tatsache und Imagination zu ziehen (ein Spiel, dem sich Wissenschaftler und Dichter in jeder Generation erneut widmen). Die Behauptung, die Grenzen menschlichen Bewußtseins zu kennen, wäre Selbstüberhebung. Möglicherweise gibt es diese Siddhis tatsächlich, und die Heiligen sind Vorboten dessen, was die Evolution für uns alle bereithält. Vielleicht vermögen wir eines Tages Raum und Zeit zu meistern und telepathische Verbindung mit weitentfernten «Minds» aufzunehmen. Zieht man die vielen Hundert Millionen Jahre in Betracht, die dem Universum als Prolog dienten, ehe das menschliche Wesen auftauchte, so dürfen wir mit Recht darauf hoffen, daß sich unsere Bewußtseinskräfte erst am Anfang ihrer Entwicklung befinden. Noch ist es zu früh, um vorauszusagen, wie der herangereifte «Mind» des Menschen aussehen wird. Wenn Bewußtsein und Gewissen, Einsicht und Liebe unvermeidlich miteinander verbunden sind, so dürfte unsere zunehmende Erkenntnisfähigkeit zu einer mitfühlenden Gemeinschaft führen, die alle empfindungsfähigen Wesen miteinbezieht. Aber all diese Überlegungen bleiben bis dahin hypothetisch – noch gehören sie in den Bereich der Hoffnung und des Erstrebenswerten.

Eine weitere, völlig anders orientierte Tradition sieht «Heilige» als Menschen, die, mit außergewöhnlicher Gnade begabt, in der Welt des Alltags leben. Zen lehrt, daß das Wunder des Erleuchteten darin bestehe, daß er ißt, wenn er ißt, und schläft, wenn er schläft; er anerkennt die Realität dieser Welt als Manifestation von Buddhas Bewußtsein. Samsara (der anfangs- und endlose Zyklus der Manifestation) ist das Nirwana, Auf ähnliche Weise besagt die lutherische Tradition, daß wir zugleich Sünder und Gerechte seien. Das wahre Wunder zeigt sich nicht darin, daß wir zu moralisch vollkommenen, mit magischen Kräften ausgestatteten Halbgöttern werden, sondern daß wir die Fähigkeit erlangen, mitten in den Widersprüchen und Leiden des Weltenlaufs freudig zu sein. Versöhnung und Sünde schließen sich gegenseitig nicht aus. Kierkegaard entwarf das unvergeßliche Bild eines «unerkannten» Heiligen, den er als «Ritter des Glaubens» bezeichnet. Obwohl Kierkegaard eingesteht, in Wirklichkeit nie einen solchen Ritter des Glaubens getroffen zu haben, weiß er ihn treffend zu beschreiben. Der Mann sieht absolut «alltäglich» aus – etwas wie ein Steuerbeamter. Sein Auftreten ist energisch, und auf seinen Sonntagsspaziergängen ist er dezent gekleidet. Allem versteht er Freude abzugewinnen, seine Arbeit ist ihm wichtig, er liebt seine Frau und raucht Pfeife.

Kein äußeres Zeichen weist auf seine Außergewöhnlichkeit hin. Und dennoch gibt er sein begrenztes Bewußtsein stets zugunsten seiner unbegrenzten Identität auf.

Der Mann war und ist in jedem Augenblick dem Unendlichen verpflichtet. Mit grenzenloser Ergebung hat er den Becher des Leidens bis zur Neige geleert. Er weiß um die Wonne des Unendlichen, er fühlt den Schmerz des Entsagens... und dennoch scheint ihm die Begrenztheit genau so schön wie jenem, der nie etwas Höheres gekannt hat.

Das größte Paradoxon im Kampf um das Erlangen höchsten Bewußtseins zeigt sich darin, daß wir am Schluß erneut zum Alltäglichen zurückkehren.

Wir werden unsere Suche nicht aufgeben,
Und unsere Entdeckungsfahrt wird dort enden,
Wo wir sie begonnen haben.
Dann werden wir diesen Ort erstmals bewußt wahrnehmen.
ELIOT

Alles bleibt gleich, und dennoch wird alles anders. Gott wird nicht «sichtbarer» als vorher. Das göttliche Bewußtsein, der kosmische Geist bleibt verborgen. Er zeigt sich nur in seinen Manifestationen als Berge, Bäume, Tiere... Und der Erleuchtete strahlt keineswegs in der Dunkelheit, aber er nimmt in allen Kreaturen ein von Licht und Energie durchdrungenes Bewußtsein wahr. Ihm gilt nur ein einziger moralischer Grundsatz: «Liebe und tue, was du willst» (Augustinus).

Die unerkannten Heiligen, die wunderbar integralen Menschen, können nur aufgrund dessen erkannt werden, was *nicht* vorhanden ist. Sie benötigen keine «Waffen». Der übliche Verteidigungsmechanismus fehlt. Sie sind offen – anstelle der Paranoia tritt hier das Vertrauen. Solche Menschen strahlen ein allumfassendes Mitgefühl aus, das einer uneingeschränkten Lebensfreude zu entspringen scheint.